명품인간의 12가지 조건

소통

명품인간의 12가지 조건

소통

초판 1쇄 인쇄일   2017년 3월 20일
초판 1쇄 발행일   2017년 3월 27일

지은이   홍광수
펴낸이   하태복

펴낸곳   이가서
주　소   경기도 고양시 일산서구 주엽동 81, 뉴서울프라자 2층 40호
전　화   031-905-3593
팩　스   031-905-3009
이메일   leegaseo1@naver.com
등　록   제10-2539호

ISBN 978-89-5864-324-1 13320

• 가격은 뒤표지에 있습니다.
• 잘못된 책은 바꾸어 드립니다.

명품은 공장에서 찍어내는 똑같은 제품에는 절대로 없다. 한 올 한 올, 한 땀 한 땀, 장인
의 수많은 시간과 에너지가 투입된 작품이야 말로 하나밖에 없는 명품이다. 자신은 60억
이 넘는 수많은 인간 가운데 오직 한사람뿐이 다. 그러므로 나는 이미 명품의 자격이 있다.

명품인간의 12가지 조건

홍광수 지음

이가서
Leegaseo publishing

인류 가운데 가장 뛰어난 현자인 솔로몬은 '많은 책을 짓는 것은 끝이 없고, 많이 공부하는 것은 몸을 피곤하게 하느니라'(전도서12:12)고 말했다.

나는 그에게 물었다. "그러는 당신은 왜 그토록 많은 글을 쓰셨습니까?" 솔로몬은 대답하였다. "내게 제일 궁금했던 것은 인생이었소, 그래서 인생이 무엇인지 알아보려고 학문으로부터 시작하여 사람들이 좋아하는 모든 것을 다 해 보았소, 그런 후 내가 내린 인생의 결론은 인생은 헛된 것이라는 것이었소, 그래서 공부를 많이 하는 것도, 글을 쓰는 것도 다 부질없는 일이라고 말한 것이요" 나는 말했다. "저는 3년 동안이나 이 책을 준비했는데 당신의 말을 듣고 나서 마음이 흔들렸습니다. 인류 최고의 현자인 당신의 말대로 생각해보니 글을 쓰는 나도 피곤하고, 이 글을 읽는 사람들도 피곤하게 할 것 아닙니까?"

솔로몬이 물었다.

"무엇을 쓰고 싶었소?"

"저뿐 아니라, 많은 사람들이 너무 힘들게 고생하며 사는 것을 보면서 이렇게 사는 것이 인생의 전부인가? 이렇게 고생하려고 이 세상에 나왔나? 라는 생각이 끊이질 않았습니다, 그래서 어떻게 살아야 죽을 때 후회하지 않고 잘 살았다고 할 수 있을까? 알고 싶어서 연구한 것입니다.”

솔로몬은 말하였다.

“어떻게 살다 가야 후회하지 않을 것 같소? 사람들은 삶과 죽음에 관심이 별로 없소. 그들은 시간과 영원을 모르오. 단지 나처럼이라도 호화스럽게 살아보고 싶어들 하지. 그들이 그렇게 원하는 삶을 이미 살아본 내가 ‘그것이 헛된 것’이라고 아무리 말을 해도 그들은 내 말을 듣지 않소”

나는 마음이 답답해지며 아파왔다.

재차 솔로몬에게 물었다.

“이 세상 사람이 다 그렇습니까?”

솔로몬은 손사래를 치면서 “절대로 아니요, 아직도 많은 사람들이 길을 가고 싶어 하지만 찾지 못하고, 길을 알면서도 게으름과 두려움 때문에 가지 않는 사람들이 많소!”.

“임금님, 지난번에 어떤 부부문제를 다루는 방송에 출연해서 부부 상담을 해주었는데 그 집 부인이 간청하기를 남편하고 잘 살고 싶은데 어떻게 해야 될지, 어떤 것이 지혜로운 길인지 배워본 적도 없고, 가르치는 곳도 없어서 답답해죽겠다고 도와달라고 했습니다. 돌아보니 저도 매뉴얼들이 너무 없었습니다. 그래서 어떻게 힘들어 하는 사람들을 도울 수 있을까? 매뉴얼을 만들기 시작했습니다. 이 책의 단 한 구절이라도 고통당하는 사람들에게 인생의 지혜로운 길을 찾아 줄 수 있다면 저는 더 이상 아무 소원이 없습니다.” 솔로몬은 환한 미소를 지으며 “나도 늙어 전도서를 쓰지 않으려 하였으나, 누군가 한 사람이라도 내가 쓴 글을 읽고 깨달아 인생에 전환점을 삼을 수 있다면, 그것으로 족하다고 생각하고 낸 것인데, 그대도 그런 생각으로 글을 썼다면 그대로 책을 내시오. 인생을 살면서 한 사람이라도 옳은 길로 인도한다면, 그 사람은 하늘의 별처럼 빛날 것이요“

이 책은 이렇게 솔로몬과 나눈 대화로부터 시작되었다.
누군가 한 사람이라도 이 책 가운데 단 한 구절을 통해서라도
인생의 전환점을 삼을 수 있다면
이 책은 그를 위한 책이다.
그리고 그가 인생을 명품으로 살아가는 모습을 보고 싶은 마음뿐이다.

명품으로 사는 길, 명품이라는 단어 자체가 느낌이 좋다.
인간의 무엇을, 어떻게 해야 명품을 만들까?

사람들은 단 한 장밖에 주어지지 않는 인생이라는 캔버스에 스케치를 하고 색채를 덧입혀 삶의 그림을 완성하려 한다. 그러나 대부분의 사람들은 부와 성공, 아름다움과 건강이라는 똑같은 그림을 그리려한다. 그래서 모두 똑같이 성형하고, 똑같은 유명 메이커 옷을 입고, 자기가 아닌 남들이 부러워하는 사람으로 기꺼이 자신을 대신하려 한다.

그러한 사람은 상품은 될지언정 명품은 아니다.

명품은 공장에서 찍어내는 똑같은 제품에는 절대로 없다.

한 올 한 올, 한 땀 한 땀, 장인의 수많은 시간과 에너지가 투입된 작품이야 말로 하나밖에 없는 명품이다.

자신은 60억이 넘는 수많은 인간 가운데 오직 한사람뿐이다.

그러므로 나는 이미 명품의 자격이 있다.

함부로 자신을 미워하고 남을 부러워해서는 결코 명품이 될 수 없다.

귀 잘린 고흐의 자화상이 보기에 아름답지 않지만,

지구상에 하나밖에 없는 자화상이기 때문에 귀한 것이다.

나는 일 년에 수만 명의 사람들을 만나 강의하면서 인간의 성향을 알려주고 대응전략이나 심지어는 아이들의 성향에 적합한 직업까지 알려주고 다녔다.

그러나 이제는 한 가지만 하고 싶다.

누구든지 빛나는 명품으로 만들어 주고 싶다.

이것이 여러분을 만나는 단 한 가지 이유다.

　이 책을 쓰는데 3년이나 걸렸다. 가장 큰 원인은 내가 명품 인간이 아니었기 때문이다. 책의 내용대로 살지 못하는 나를 볼 때마다 몇 번이고 중단하였다. 그러던 와중에 어머니께서 병으로 고통을 겪으시다 지난해 9월에 돌아가셨다. 효도하지 못한 삶을 후회하기 싫어서 생애 남은 시간이라도 함께 하려고 모든 강의를 다 취소하고 내가 가진 사랑을 다 드렸다. 어머니는 하나님을 가장 사랑하시는 분이신데 고통 중에서도 '내가 할 일이 많아 아직 죽을 준비가 안 되었는데'하며 차마 죽음을 받아들이지 못하셨다. 어머니의 할 일은 단 한가지다. '하나님께서 당신을 사랑하십니다'는 이 한 가지를 전하는 것이다. 임종 전 날 홀로 병실을 지키며 밤이 새도록 통증으로 신음하는 어머니를 붙들고 울었다. "이렇게 아파하면서도 무슨 할 일이 그렇게 많아 세상을 떠나지 못하고 계셔요?", "엄마, 이렇게 힘들어하시는데 내가 해드릴 수 있는 게 아무것도 없어서 미안해요, 엄마, 엄마 원하시는 하지 못한 일들을 내가 할게요, 이젠 떠나세요!, 너무 마음 아파 못 보겠어요" 울먹이며 말씀을 드렸지만 어머니는 끝내 내 물음에 답을 안 해 주신 채 하나님 품으로 가셨다.

　그날의 약속으로 나는 삶을 사는 태도를 바꾸기로 하였다. 뇌출혈로 쓰러진 이후에 내 팽개치듯 돌보지 않았던 내 몸을 돌보고, 미적미적

미루었던 여러 일들을 다시 시작하였다. 특히 품성학교의 청소년아이들을 돌보는 일들은 어머니의 사랑의 사명이다. 이 땅의 아이들이 하나님을 알고, 바르고 행복하게 사는 것이 어머니의 기쁨이었기 때문이다. 지역아동센터를 운영하게 된 것도, 이 책의 완성의 동기를 부여한 것도 어머니다. 나는 이 책을 내면서 심히 부끄러운 마음뿐이다. 가정도 제대로 돌보지 못한 사람이, 나 자신에게도 바르게 살지 못한 사람이어서 더욱 부끄럽다.

그러나 부탁드리기는 내가 이 책의 내용대로 살아서 글을 쓴 것이 아니라, 이렇게 살기를 원해서 기록한 것으로 독자들의 이해를 구하며 부끄러운 얼굴을 숨기고 싶다.

30년 넘는 긴 세월 속에서 '부부의 올바른 삶이란 무엇인가?'라는 고민을 함께 나누고 지혜를 준 따뜻한 아내와 장애의 몸으로 열심히 인간의 희망을 보이며 살아가는 자랑스러운 큰 딸 지혜와 사랑 많은 둘째 딸 근혜 내외와 나에게 할아버지라는 새 이름을 선물한 손녀 하임이, 그리고 마음 아픈 청소년기를 잘 극복하여 이제는 세계적인 시각을 가진 학자로 잘 자라가는 아들 선교가 사랑스럽다.

무엇보다도 뇌출혈로 쓰러진 2012년 이후에 다시 회복하는 가장 큰 의미를 부여해 준 선한이웃교회의 사랑스러운 우리 모든 교우들에게 감사 드리고, 함께 청소년들이 건강한 나라, 행복한 사회를 꿈꾸며 같이 가는 230명의 아르상떼 품성학교의 빛나는 영성가족들에게 감사를 전한다.

우리가 만들어가는 세상은 생각하는 대로 이루어질 것을 나는 믿는다.

특히 이 책이 나오기까지 끝없이 요청해 주신 이가서의 하 태복사장께 감사를 드리며 편집으로 수고해 주신 편집부에게 감사를 드린다.

오랜 세월 친근한 사랑의 관계를 유지하며 힘들 때마다 "바라보는 사람들을 잊지 마세요!"라는 메시지를 비수처럼 던지는 세사들은 인제나 행복한 동력이다. 중국 사천성 청두의 제자들과 친구들은 내게 남은 시간들의 꿈이며 셋째 아우 취쥔코치 내외와 이 책의 중국어 번역을 맡을 진라오스에게 감사를 드린다.

끝으로 홀로 되신 아버지께서 남으신 세월동안 강건하시며 행복하게 사셨으면 좋겠다.

"어머니, 하늘에서 우리를 잘 지켜주시고, 좋은 일 많이 하다 가도록 힘을 주세요. 사랑해요 엄마"

2017년 2월

차례

"사랑은 모든 것을 참으며 모든 것을 믿으며 모든 것을 바라며 모든 것을 견디느니라"
-Saint.Paul-

사랑할 수 있는 사람

사랑할 수 있는 사람은 사랑할 수 있는 능력을 가진 사람이다

사랑은 아는 것이 아니라, 행하는 것이기 때문이다.

행동에는 능력이 있어야 한다. 무능한 사람은 행함에 부족함이 많아 타인에게 해를 입힌다. 세월호가 그랬고, 우리나라의 리더들이 그랬다. 올바른 일을 하는 것도 중요하지만, 그 일을 옳게 하는 것은 더 중요하다. 이 모든 세상일의 기본은 사랑이라는 가치위에 세워져야 한다. 그러므로 이 세상을 가장 잘 사는 사람은 사랑이라는 가치로 일을 하는 사람이다. 사람이 세상을 떠난 뒤에 많은 조객들이 문상을 와서 하는 말을 잘 들어보면 그 사람을 잘 알 수 있다. "참으로 사랑 많은 분이 돌아가셨다. 그렇게 나를 사랑해주셨는데, 갚지도 못했는데 벌써 가셨다"며 안타까워하는 사람이 많으면, 그는 명품 인간일 확률이 높다.

✳ ✳ ✳

코칭 프로그램을 진행하면서 사람들에게 '가장 사랑하는 것이 무엇이냐?'고 물으면 90%이상 되는 사람들은 가족을 말한다. 나머지 10%의 사람들은 일이나 어떤 종교적 신념, 혹은 존경하는 다른 인물들이나 사물들을 말한다. 그런데 아이러니컬하게도 가장 사랑하면서도, 가장 많이 싸우고 걱정하게 만드는 사람들도 가족이다. 가장 폭력적인 언어를 사용하는 곳도 가정이고, 서로 주고받는 사랑을 알지도 못한 채, 불평과 원망이 난무하는 곳도 가정이다. 그런데도 사랑의 일 순위는 언제나 가족이다.

왜 그럴까?

자신이 그 속에 들어있기 때문이다. 가족들을 통해서 사랑받고 싶고, 가족들을 통해서 사랑을 주고 싶은 것이다. 대부분 부모들이 자녀들에게 화를 내는 이유는 부모들의 기대치 때문이다. 그 기대치에는 자기처럼 잘하기를 원하는 부모와, 나처럼 되지 말기를 바라는 부모의 극단의 메시지가 숨어있다. 다른 집의 아이 때문에 화를 내거나 절망하지 않는다. 내 아이의 잘하는 모습이 나를 닮아 있을 때 가장 자랑스럽고, 내 아이의 한심한 모습이 나를 닮았을 때 가장 미워한다.

보기 싫고, 부끄러워 감추고 싶은 내 모습을 자녀가 똑같이 행할 때 화가 더욱 치밀어 오르는 것이다. 의식 코칭에서 많이 말하는 '아이는 부모의 거울이라'는 말이나 '상대방이 나의 거울'이다는 이야기들도 결국은 같은 이야기이다.

자식에 대한 사랑은 인간이 원초적으로 갖고 있는 본능적 사랑의 시작이다. 이 사랑을 어려서부터 못 받은 사람은 나이가 들어도 인정과 사랑에 대한 욕구 때문에 그토록 목이 마른 영혼이 되어 자기를 알아주고 사랑해주는 사람을 찾아다닌다.

사랑의 그릇이 큰 사람들인데 사람을 사랑하는 방법을 몰라서 동물이나 식물에게 사랑을 왕창 쏟아 붓는 사람들도 많다. 또 어떤 사람들은 사람에게 사랑을 베풀다가 거꾸로 상처를 받아서 다시는 사람을 사랑하지 않겠노라고 세상과 단절하지만, 사람들로부터 멀리 떠날수록 이들의 사랑의 공허감은 커져만 간다.

사실은 이 사람들이 명품의 자질을 가진 사람들이다.

코칭 워크숍을 할 때에 가끔 존경하는 인물들을 적는 시간이 있다.

우리나라사람들이 존경하는 인물들이 누굴까? 대부분 이 순신, 세종대왕, 신 사임당, 김 구 선생 같은 변함없는 옛 어른들과 노 무현 대통령, 김 수환 추기경, 법정, 스티브잡스. 오프라윈프리 등 이런 분들이 젊은이들이 많이 존경하는 신주류 인물들이다. 그런데 아주 재미있는 득표를 꾸준히 얻는 한 사람이 있다. 개그맨출신의 국민 MC 유 재석이다. 사람들은 왜 유 재석을 단순히 좋아하는 단계를 넘어 존경하는 대단한 인물들의 반열에 올리는 것일까? 곰곰 생각해보니 그를 통하여 현대인들이 존경하는 사람들의 특성과의 공통점을 발견할 수 있다. 아마도 따뜻한 인간미를 펑펑 풍기기 때문인 것 같다. 그들은 열정과 헌신의 사람이기도 하면서 동시에 바보같은 비현대적인 인간상을 갖고 있다. 김 수환 추기경이 세상을 떠났을 때에 사람들은 그를 '바보 김 수환'으로 불렀고, 노 무현대통령이 세상을 떠났을 때에도 사람들은 '바보 노 무현'으로 불렀다. 그러면서 그들은 울었고, 그들을 추모했다. 정치적이거나 상업적인 머리를 가진 사람들은 왜 그들이 바보라고 불림을 받으며 동시에 존경을 받는지 잘 모른다.

데이비드 호킨스의 명저〈의식혁명〉에 보면 사람 의식의 단계에 따라서 인간내면에 영적인 빛이 만들어지는데, 그는 다양한 마음의 상태나, 언어까지도 그것들이 갖고 있는 빛의 크기들을 측정하였다. 수치심과 굴욕감이 가장 어두운 20럭스의 단계이다. 마음이 이 단계에 있는 사람들은 부끄러움을 쉽게 겪으며 심지어는 자살까지 이르게 된다. 자존심이 강하기 때문에 수치를 당할 때 생명의 자존의 빛이 꺼지기 때문이다. 그런데 사랑의 빛은 수치심이나 굴욕감보다 무려 25배 이상이나 밝은 510럭스다. 특히 이 510럭스의 사랑은 무조건적인 사랑(Unconditional love)이다. 사랑 많은 사람들이 바보라고 불리는 이유가 여기에 있다. 그들은 계산하지 않는다. 바보는 계산할 줄 모른다. 현대인들은 머리가 좋고 부유하거나 잘생긴 사람들을 부러워하기는 해도 결코 존경하지는 않는다. 그러나 바보처럼 자기를 내어주고 누구든지 포용할 수 있는 사람들은 비록 그가 가진 것이 초라할지라도 사람들은 그를 존경한다.

우리가 사는 시대는 엄청나게 부유하다. 우리 조상들은 우리들처럼 이렇게 풍요롭게 살아가지 못했다. 그러나 이렇게 부유해도 일 년에 11만 쌍의 가정들이 분열되고, 하루에 39명이 스스로 목숨을 끊는다. 겉으로는 부유한 것 같아도 실상으로는 여러 가지 사회적 원인들로 살기가 힘들기 때문이다. 사는 게 힘들어도 가정이나 가까운 사람들과의 사랑 속에서 용기와 위로를 주고받으며 살아갈 때 인간은 그 힘듦을 극복해낼 수 있다. 그러나 아무리 부유해도 누구와 이야기를 나눌 사람도 없고, 사랑을 받을 사람도, 줄 대상도 없는 부유함은 차라리 가난만 못하다. 그들은 세월이 지날수록 점점 더 외로워져 가며 주변의 모든 환경들로부터 고립감을 느끼게 될 것이다.

로마 통치 시대의 유대 지방에 지방 국세정장 씀 되는 삭개오라는 사람이 있었다. 당시 로마통치시대의 세무 관례에 따라 그들은 백성들로부터 세금을 많이 징수하였다. 삭개오는 곧 부자가 되었지만 거리를 지날 때에 누구도 그에게 미소를 지으며 인사하지 않았다. 눈가에 맴도는 미움과 원망의 눈빛을 볼 때마다 삭개오는 스스로 무엇인가 잘못살고 있다는 것을 생각하게 되었다. 그는 호화로운 옷을 입어도 외로웠고, 기름진 식탁을 대해도 즐겁지 않았다. 그러던 어느 날 동네가 떠들썩했다. 부하 세무서 직원들도 모두가 밖으로 달려 나갔다. 그들은 나가면서 한마디씩 한다. "예수님은 우리 같은 욕먹는 세금쟁이들을 그렇게 좋아한대." 홀로 남겨진 삭개오는 무슨 일인지 궁금하였지만 물을 사람이 아무도 없었다. 무수한 사람들의 껄끄러운 시선을 애써 외면하며 조용히 밖으로 나가 사람들이 모인 곳을 보았지만 무슨 소리들만 들리고 아무것도 볼 수 없었다. 그는 키가 작았다. 옆에 보니 돌 무화과나무에 사람들이 올라가 있는 것을 보고는 자신도 용기를 내어 나무에 올라 대중들이 모인 가운데를 바라보았다. 알 수 없는 한 젊은 사람이 중앙에 서서 눈이 먼 사람을 눈을 뜨게 하고 앉은뱅이를 일으켜 세우고 그 모습을 본 사람들은 소리를 지르고 난리가 아니었다. 잠시 손을 멈춘 젊은 사람은 나무에 매달려 자신을 넋을 놓은 채로 바라보고 있는 삭개오의 이름을 불렀다. "삭개오여, 내려오시오, 오늘 밤 당신의 집에서 묵고 가도 되겠소?"

그때 삭개오가 시인 김춘수의 시를 알았다면

"그가 나의 이름을 불러주기 전에는 나는 하나의 몸짓에 지나지 않았는데 그가 나의 이름을 불러주었을 때 나는 그에게로 가서 꽃이 되었다."라고 노래하였을 것 같다.

삭개오는 그날 밤 위대한 인생의 전환점을 맞는다. 그는 식사 자리에서 벌떡 일어나 선포한다. "선생님, 이제까지 제가 세관 업무를 맡으면서 사실 마음 아픈 일들이 많았습니다. 가난한 집 사정을 뻔히 알면서도 강제로 나쁜 짓을 많이 했습니다. 이제 제가 남의 것을 강제 징수한 모든 것을 계산해서 네 배로 갚겠습니다. 그리고 재산의 절반을 잘라 가난한 사람들에게 나누어주겠습니다." 선생님은 너무 기뻐 이렇게 말했다. "봐라, 이것이 하나님의 나라다, 오늘 이 집에 진정한 기쁨이 탄생하였다." 삭개오는 그날 명품이 되었고 그가 명품 된 사건은 지금도 신약성경 누가복음 19장에 그대로 기록으로 남아있다.

〈죽음의 수용소에서〉를 지은 정신의학자 빅터프랭클은 무수한 유대인들이 죽어가는 아우슈비츠의 가스실 현장에 있던 사람이었다. 그는 정신과 의사였기 때문에 독일군들의 치료를 위해 유대인이면서도 죽지 않고 살아 이 엄청난 인류 비극의 역사를 목격할 수 있었다. 프랭클은 죽어가는 유대인들 중에서 이상한 사람들을 발견하였다. 참혹한 죽음의 공포에 벌써 죽어버린 사람들은 바지에 대소변을 보면서도 의식하지 못하고 떨면서 가스실로 들어가는데 어떤 사람들은 그 사람들을 끌어 안아주면서 "하나님은 살아 계세요, 나도 당신과 함께 가스실로 들어 갈 거에요, 마지막까지 당신과 함께 있을게요, 우리는 곧 천국에서 다시 만날 것이에요, 잠시 고통 후엔 영원한 아픔이 없는 곳으로 살 서에요, 힘내세요!"라며 위로해주는 사람들을 본 것이다.

이 사람들이 정신의학자였던 프랭클에게는 충격으로 다가온 것이다. 저들은 누구일까? 천사일까? 아냐, 저렇게 똑같이 가스실로 들어가는데 왜 저들은 두려워하지 않지? 저들은 죽음이 두렵지 않은가? 그는 이런 부류의 사람들이 의외로 많은 것을 알고 인간이란 무엇인가? 라는 새로운 질문 앞에 서게 되었다. 프랭클은 인간이란 프로이트의 성(리비도)으로나, 권력을 향한 의지로서 이해되는 존재가 아니라, 누군가 고통을 당하고 누군가 아픔을 겪는 사람들을 위로하는 그 때에 가장 인간다움이 있다는 것을 깨닫고 로고테라피Logotherapy라는 치료 운동을 시작하였다. 엘리자베스 루카스를 통하여 이미 우리에게도 소개된 이

테라피는 일종의 '의미 의지 요법'으로 자신은 아무것도 할 수 없다는 무기력과 절망에 빠진 사람들에게, 나도 누군가를 도울 수 있고 나의 사랑이 필요한 사람이 있다는 사실을 알게 해줌으로 자기 존재의 의미를 부여해주는 요법이다.

이 요법은 자신이 겪은 아픈 과거의 상처들을 자신처럼 아파하는 사람들을 돌보는 에너지로 전환시킴으로 삶의 가치와 의미를 부여해주는 사랑의 운동이다. 대표적인 아이가 바로 내 아들이다. 대학을 갓 입학하고 조용한 성격 탓에 동기들과 잘 적응하지 못하고 매일 우울한 시간들을 보낼 때, 수학을 잘 못하는 아이들을 돕게 하고, 부모를 돕게 하였다. 때 마침 공익 근무 요원으로 발령받은 곳이 시내 버스 정류장을 청소하는 부서였다. 집안에만 있어서 동네 밖 지리도 모르던 아이가 시민들이 버스를 기다리는 의자를 닦고 불법 게시물들을 떼어내고 정류장 주변을 물청소를 하면서 인천 시민에게 청결한 버스 정류장을 만들어주는 뿌듯함에 전혀 다른 사람이 되었다. 먼지 많은 더러운 의자에 앉을 사람들을 불쌍히 보는 마음은 사랑의 마음이다. 사랑은 주고 싶고, 사랑은 자신을 변화시키고 타인에게 감동을 준다.

그러므로 가장 위대한 명품 인간은 사랑할 수 있는 사람이 되는 것이다.

부모가 자식에게 조건 없는 무한한 사랑을 베풀 듯이, 계산하지 않는 큰 사랑을 베풀 수 있는 인간이 이 시대에 가장 필요한 명품 인간이다.

성경은 인류 가운데 가장 많은 사람이 읽고, 가장 많이 번역되고, 가장 많이 팔리고, 가장 많은 사람을 변화시킨 가장 위대한 책이다. 구약 39권과 신약27권을 합해서 66권의 이야기들이 담긴 이 책은 창세기부터 인류 종말과 심판에 이르기까지 방대한 내용으로 구성되어 있으나 그 내용을 한 단어로 줄인다면 바로 '사랑'이다.

인간을 사랑한 하나님이 타락한 인간을 구원하기 위해 그의 아들 되신 예수그리스도를 보내 인류를 구원한다는 사랑 이야기가 성경이다. 성경에서는 사랑의 위대함과 사랑하는 방법을 잘 가르쳐주고 있다.

유교에서 공자는 인간의 사랑을 인仁으로 표현했다. 어진 마음으로 사람을 대하는 것이 사랑이다. 예수는 '네 이웃을 네 몸처럼 사랑하라!'고 하셨고, 예수의 제자인 바울은 '서로를 용납하며 서로를 불쌍히 여기라'며 사랑하는 방법을 가르쳐주었다. '사랑하라'는 말을 그렇게 오랜 세월동안 들어왔어도 사랑하지 못하는 것은 어떻게 사랑해야 하는지 몰라서 그렇다.

바울이 시원하게 가르쳐주었다. '서로를 불쌍히 여기라'는 것이다.

우리 세대의 어린 시절은 대부분 가난하게 살았다. 나는 고3때까지도 엉덩이부분을 우리 어머니의 그 찬란한 재봉질솜씨로 지그재그로 (당시는 그러한 엉덩이 뒷부분을 떡판이라고 불렀다)누벼놓은 떡판 바지를 입고 다녔다. 양말 뒤축 구멍 난 것 꿰매어 신는 것은 아무것도 아니다. 초등학교 때에도 가정조사를 하면 재산 품목 중에 전화, 재봉틀, 냉장고, TV 이런 것들을 조사했는데 한두 명 아이들이나 있을까, 거의 다 냉장고 대신 아이스박스, TV대신 라디오로 매일 연속극을 듣고 사는 게 일이었다. 아이스박스에서 수박을 꺼내 먹으면 김치 냄새가 진동을 하고, 영구가 주인공으로 나오는 〈여로〉라는 슬픈 드라마를 볼 때에는 동네에 텔레비전이 있는 집 담장 밖에까지 매달려서 보곤 하였다.

그에 비하면 지금은 모든 가정들마다 TV, 냉장고, 세탁기, 오디오, 개인 전화기, 승용차 등 안 가진 것이 없다. 참 큰 부자들이 되었다. 그래도 우리는 자신들이 부자라고 생각하지 않는다. 강의 중에 물어보면 대부분 100억 정도는 가져야 걱정 안하고 여유 있는 생활을 할 것 같다고 말한다.

2010년까지만 해도 사람들이 평균 30억 정도면 했는데 이것도 아닌가보다.

✻ ✻ ✻

어느 동물 다큐멘터리에서 표범이 사냥을 나간 틈에 비단 구렁이가 표범의 새끼를 잡아먹었다. 집에 돌아온 표범은 구렁이를 쫓아갔고, 구렁이와 싸움이 벌어졌다. 표범을 이기지 못한 구렁이는 땅 속 자기의 굴로 숨어버렸다. 표범은 굴 입구에서 엎드려 구렁이가 나오기를 기다린다. 하루, 이틀, 사흘, 나흘이 지나자, 결국은 구렁이가 나오더니 배 속에 많이 소화가 된 표범 새끼를 토해내고 도망쳤다. 표범은 구렁이를 쫓지 않고, 이미 죽은 지 오랜 자신의 새끼를 물고 이동한 후에 땅에 내려놓고 냄새를 맡는다. 그리곤 한참을 그 옆에 앉아있더니 다시 냄새를 맡고서는 길을 떠난다.

표범의 마음을 읽을 수 있다면 무슨 마음일까?

한마디로 '불쌍한 내 새끼' 요즘 말로 '지못미(지켜주지 못해서 미안해)'다.

사랑할 수 있다는 것은 누군가를 불쌍히 여길 줄 아는 마음이 있는 것이다. 부모가 자식을 버리고 간 가정의 자녀들도 불쌍하다.

남편에게 수시로 폭력을 당하고 살아가는 여성들도 불쌍하다.

예쁘고 싶은데 도움이 안 되는 얼굴 때문에 괴로워하는 여성들도 불쌍하다. 돈 좀 많이 갖고 편안하게 살고 싶은데, 매일 죽어라 일하고 상사한테 깨지고, 술, 담배로 몸을 야작 내며 살아야만 하는 샐러리맨들도 불쌍하다.

키가 작은 사람도 불쌍하고, 대머리도 불쌍하다.

머리가 나쁜 사람도 불쌍하고, 아토피가 있는 미인도 불쌍하다.

위장이 나쁜 사람도 불쌍하고, 중풍이 와서 걸음이 불편한 사람늘노 불쌍하다. 무능한 배우자와 살아서 그 숱한 인생의 짐을 홀로 짊어지고 살아야하는 많은 사람들도 불쌍하다.

말을 잘 못해서 불쌍하고, 버림받은 노인들도 불쌍하다.

왕따 당한 아이들도 불쌍하고, 밤중에 3종 세트(족발, 통닭, 피자)배달하는 고속 알바도 불쌍하고,

애인이 안 생기는 청년들도 불쌍하고, 애인이 있는데도 매일같이 싸우는 연인들도 불쌍하다.

모두 불쌍한 눈으로 보면 이 세상은 다 불쌍하다.

어느 교회에 강의를 가서 교인들에게 "여러분의 담임목사님은 불쌍해요?, 안 불쌍해요?" 물었더니 맨 앞에 앉은 노인 한 분이 "목사님들

이 불쌍할 게 뭐가 있어요? 월급 많이 받고, 좋은 차타고, 대접 받고, 공부도 많이 하고, 중얼중얼……” 그런 목사는 욕을 많이 먹어 불쌍하다. 이 세상엔 그런 목사만 있는 것이 아니다, 대학원까지 7년 동안 공부하고서도 제일 가난한 사람들이 목사다. 영어, 독어, 히브리어, 헬라어, 라틴어까지 공부하고서도 제일 가난한 사람들이 목사다. 대형교회의 목사들은 몇 명 안 된다. 도리어 자기를 내주며 지금도 청빈하게 사는 목사들이나 선교사들이 더 많다. 그들은 스스로 불쌍하게 여기지 않으나, 돌아보면 그들도 불쌍하다.

이 세상에는 불쌍하지 않은 사람이 없다.

피그말리온처럼 여성을 싫어하면서도 혼자서 아름다운 조각 여성을 사랑해야 하는 것이 이 시대의 서글픔이다. 어떤 아름다운 여성은 더 이상 아름다울 수 없는데 자신의 아름다움 때문에 격에 맞는 남자를 고르다가 60세가 지나버린 사람도 있다.

그런데 사람들은 그들의 아픔을 불쌍히 여길 줄 모른다.

대신 어떤 기준점을 가지고 비교한다.

내 앞에서 나를 바라보는 사람에게서 부러움을 보지 말고, 불쌍한 것을 찾아보면 사랑하는 마음이 생기기 시작할 것이다.

사랑이란 상대의 불쌍한 것을 찾아내는 것이다.

＊ ＊ ＊

사랑의 능력을 키우는 코칭

돌아보면 세상은 다 불쌍한 사람들이다.

돌아보면 나름대로 서러움이 없는 사람이 없다.

사랑 많은 명품 인간은 항상 자기 옆의 사람에게서 불쌍한 것을 찾아내는 사람이다.

나는 강의 중에 항상 마지막으로 실습시키는 순서가 있다. 이것은 내 강의의 목적이기도 하고 마지막까지 전해야 할 가치이다. 마시던 물에다가 "사랑합니다. 감사합니다."라는 말을 하게 한 후에 오링테스트를 시켜보고 이어서는 "미워, 보기 싫어!"라는 말을 하게 한 후에 오링테스트를 시킨다. 이때에 사랑의 말에는 손에 큰 힘이 생겨 손이 강한 힘의 반응을 보이지만, 나쁜 말에는 손에 힘이 하나도 생기지 않아 풀어지고 만다.

이것은 우주의 신비다. 인간 속에 숨어 있는 존재의 근원을 알려주는 신비의 공명이다. 사랑이란 말에 반응하는 것은 인체만이 아니다. 모든 존재하는 만물은 사랑이란 말에 파동으로 반응한다.

이것은 우주가 사랑으로 이루어졌고, 우주가 존재하는 이유를 보여준다. 신의 존재 이유도 사랑이고, 인간의 살아야 할 이유도 사랑이다. 우주는 자체로 고유한 진동주파수를 가지고 있는데 그 중 지구의 파장은 7.8hz이다. 이 지구 파장은 우리 뇌파의 영역에서 알파 세타 영역에서 공명한다. 알파 세타 파장은 명상을 하거나, 치유하는 사람들이 치유를 시작할 때 머무는 뇌파 영역이다. 몸이 아픈 사람도 잠을 잘 자고 나면 회복이 되거나, 마음이 편안해지면 여러 가지 질병이 낫는 원인은 우리 뇌파가 치유영역의 7~8hz사이에 머물기 때문이다. 이 치유의 원리는 내가 지구와 마음의 파동을 같이 맞추는 것이다. 곧 지구와 공명할 때 지구 자체에 숨어 있는 힐링 에너지들이 열린 내 몸으로 들어오는 것이다. 지구는 이렇게 인간을 사랑한다. 이것이 신의 섭리이다. 우주의 수천억 개가 넘는 별들의 대부분은 가스로 가득차고 춥거나 뜨겁고, 물 한 방울 조차 나지 않는다.

나는 이 수 많은 별들 가운데 이토록 아름다운 지구라는 녹색별만 우연히 저절로 만들어졌다고 생각하지 않는다.

저절로 되었다면 왜 지구라는 별 하나만 이렇게 아름다울까?

나무와 풀과 개울과 바다, 땅속의 무수한 생명들과 바다 속에서 사는 생물들, 땅속에서 사는 생물들, 하늘을 날아다니는 신비로운 새들과 이 땅의 생명들을 살리는 이런 사랑의 별 지구를 시뻘건 광야와 괴이한 광물질들과 숨 쉴 산소조차 주지 않는 별들과 어찌 비교 할 수 있을까?

푸른 풀들은 초식동물이 먹고 젖과 고기를 주고, 육식동물들은 초식동물을 먹음으로 숫자를 제한시켜 땅의 풀들을 조절한다. 밤길을 비추는 달은 바닷물이 정확하게 뭍으로 들어오고 나가는 시간을 조절하며, 어디선가 시작된 바람은 하늘의 구름들을 모아, 메말라 누렇게 떠버린 대지위에 비를 내려준다.

이러한 '우주 쇼'를 우리는 매일 보면서도 알지 못하고, 감사하지 못하고 살아간다. 나는 이 지구를 먹여 살리는 '우주쇼'를 '사랑의 쇼'라고 생각한다. 사랑이라는 단어 없이 결코 이 지구의 생존은 실명 될 수 없디.

인간의 뇌조차 우리에게 사랑을 가르친다. 우리 뇌에는 100조개가 넘는 시냅스들이 존재한다. 시냅스들은 과거 일을 기억하고 사물을 말로 설명하고 이름을 지으며 기계를 만든다. 무엇이 좋은지 나쁜지를 알며, 어떻게 사는 것이 존귀한 것인지 안다. 그리고 "사랑해"라는 말에는 온 시냅스들이 양전하의 빛나는 존재가 되어 춤을 춘다. "너 미워!"라는 말에는 음전하가 만들어져 마음의 빛을 어둡게 한다. 이것이 인간이 존재하는 사랑의 원리이다. 인생은 이러한 우주의 사랑을 배우려고 사는 것이다. 이보다 더 중요한 교육은 없다. 사랑을 배우는 사람은 감사할 줄 알고 만족할 줄 안다.

이제는 내게 주어진 모든 것들을 사랑하는 습관을 길러보자. 욕망과 분노로 가득한 마음은 이제 정신을 차릴 때가 되었다. 사랑하지 않으면 반드시 지구는 우리에게 사랑이 얼마나 귀한 것인지, 하늘과 바다와 땅과 거기에 거하는 모든 생명체들이 얼마나 우리를 사랑했는지를 뼈저리게 알게 해 줄 것이다. 그것을 깨닫는 데에는 그리 시간이 오래 걸리지 않을 것이다. 더 이상 인류는 사랑을 배우는 데에 대가를 치룰 시간이 없다. 지금도 너무 아프기 때문이다.

매일 사랑한다고 말하자. 매일 사랑하며 살자. 죽는 날까지 사랑하다 가자. 사랑은 우주처럼, 지구처럼 조건 없이 주는 것이다. 우리도 이런 사랑을 아무 조건 없이 줄 수 없을까?

지혜롭게 경청하는 사람

경청이란 한자를 보면 처음 글자인 경(傾)은 사람(人)과 조개(貝)사이의 인위적 형태를 묘사하고 있다. 무엇인가 '손에 기구를 들고 조개를 캐는 사람의 형상을 기울인다' 는 뜻의 경(傾)자로 표현한 것이다. 사람이 조개를 캘 때 몸은 바닥을 향하여 수그려야한다. 사람인과 조개패 사이의 갈고리처럼 생긴 도구의 비(匕)(숟가락, 화살촉 등을 상징)자는 어부들이 몸을 굽혀 땅속에서 조개를 캐내는 도구이다. 조개는 고대 사회에서부터 화폐 대용으로 사용되었다. 지금도 중국의 한자 중 돈과 관련된 글자는 거의 조개패(貝)자가 들어가 있다. 재화(財貨), 재물(財物), 화폐(貨幣), 백화점(百貨店)등 이러한 글자들뿐 아니라, 귀하게 아끼는 사람들은 보배(寶貝)라고 부르기도 한다. 그래서 경청을 한다는 것은 단순히 듣는다는 의미보다 돈을 줍는 것처럼 몸을 기울이는 모습을 갖는 것이 동양적 경청의 의미이다. 경청은 영어의 auditory보다는 한자어 경청傾聽의 글자가 더욱 심오한 뜻을 담고 있다. 서양인들이 사실중심으로 상대의 이야기를 듣는다면, 동양인들은 자세로 말을 듣는다. 우리나라 사람들은 타국 대통령과 우리 대통령의 회담 시에도 상대국 대통령의 자세를 보고 무례하다는 표현을 하지만, 실상 그들의 자세의 무례함이란 기준은 우리가 세운 것이지 그들은 그런 것을 무례라고 생각하지 않는다. 스티브잡스가 아이폰을 개발하고 광고할 때 "신문을 듣고, 음악을 만지고, 전화를 보고, 별을 만지는 최고의 경험을 해주겠다"는 이 세기적인 광고가 우리에게 신기하지만 그다지 놀랍지 않은 것은 우리는 이미 육감으로 이 세상을 다 보고 있기 때문이다.

미국에서 대통령과 한손으로 악수하고, 다리를 꼬고 앉아 있어도 누구하나 뭐라는 사람이 없다. 그들의 소통법과 상대에 대한 예의가 다르기 때문이다. 그것을 무례하다고 표현하는 것은 우리의 문화 잣대로 다른 잣대를 가진 사람들을 평가하는 것이다. 이토록 우리 문화에서 경청은 단순히 귀만을 사용하여 사실만 듣는 hear가 아니라 몸이 상대를 향하여 기울이는 toward가 더욱 중시된다는 뜻이다. 그래서 우리는 상대의 몸이 나를 향하지 않을 때 별로 말할 기분이 나지 않게 된다. 경청의 기본은 몸이 그를 향하는 것이다. 누군가가 내게 말을 건넬 때, 그를 향하여 몸을 돌릴 줄 아는 것이 경청이다. 그를 바라보지 않거나 머리만 돌려서 보는 것도 지혜로운 경청자가 아니다. 항상 내게 말을 하는 사람을 향하여 방향을 돌려주는 습관은 존경받는 사람의 좋은 습관들이다.

두 번째 청聽자가 더 뜻이 깊다. 서양인들은 좌뇌 구조의 이성적 스타일들이 많다. 그래서 눈으로 봐야만 이해를 한다. 영어의 '안다'의 'know'와 '본다'의' see'가 동의어로 사용되는 것도 눈으로 봐야만 아는 그들의 좌뇌 중심구조 때문이다. 그러나 동양인들은 눈으로만 봐서 알지 않는다. 모든 촉을 다 사용한다. 우리는 보는 눈이 눈에만 있지 않다. 먹는 것도 보는 것이고 '먹어 본다', '들어 본다', '느껴 본다', '대 본다'. '맡아 본다' 등 모두 신체의 오감으로 보고 그것도 모자라 뒷골이 서늘하다든지, 소름이 돋는다든지, 등 보이지 않는 곳까시 육감으로도 본다.

옛날 왕후들의 수태에 대한 진단 여부도 아주 가는 실을 왕비의 손목에 걸고 중간에는 발을 친 상태로 5-6미터이상 떨어진 먼 곳에서 실 끝으로 전달되는 태동을 진단하고 '전하 감축 드리옵나이다. 왕비께서 회임하셨나이다.'하는 게 동양적인 진단법이다.

사진 찍지 않아도, 째보지 않아도, 관형찰색으로 병을 진단하고, 느낌으로 그 마음까지 읽어낼 줄 아는 것이 동양의학의 눈이다.

청聽자에는 이런 재미있는 경청의 원리들이 숨어있다.

청聽자의 맨 처음 글자는 귀耳다. 귀로 듣는 것인데 귀 글자가 엄청 크다.

왜 그런가하면 듣는 것은 아무래도 귀로부터 시작하는 것이 우선이기 때문이다. 그런데 놀라운 글자의 비밀은 귀밑의 글자에 있다.

귀 밑에 임금王이 숨어있다. 임금보다 귀가 더욱 큰 것은 임금의 말을 듣는 것처럼 들어야 한다는 것이다. 임금의 말을 들을 때 다른 생각하는 사람은 없을 것이다.

"전하, 소신이 잠시 다른 생각을 하느라고 전하의 말씀을 듣지 못하였사오니 다시 한 번 말씀해주시옵소서"라는 신하는 오래 살지 못할 것이다. 그래서 경청의 두 번째 뜻은 마치 임금의 말을 듣는 것처럼 깊은 주의를 기울이며 겸허히 들으라는 것이다. 청자의 우변을 보면 더 세심하다. 명(皿,그릇) 비슷하게 생긴 이 형태는 눈目을 말한다. 위에서 내리긋는 줄 대신 동그란 원을 그려 넣으면 여지없이 눈처럼 생긴 모양이다. 그 밑에는 마음 심心자가 있다. 그리고 그 두 단어 위에는 어김없이 일자一가 우편으로 그려져 있다. 종합해보면, 마치 임금의 이야기를 들을 때처럼 눈과 마음을 하나로 집중해서 듣는다는 것이다. 그러면 앞의 경자와 함께 붙여 뜻을 읽어보면 어떻게 될까? 경청이란 나와 함께 있는 상대를 향하여 몸을 기울여 마치 임금의 말씀을 듣는 것처럼 눈도 집중해주고, 마음도 집중하여 들어주는 것이다. 이렇게 경청하기 시작하면 그 사람은 어떻게 될까? 말을 잘하지 못하는 사람들이라도 우리는 그들에게서 숨어 있는 의도와 말하고 싶지 않은 아픔들도 모두 들을 수 있게 된다. 귀로만 듣는 것이 아니라, 눈으로 듣고, 마음으로 듣고, 몸으로 듣고, 가슴으로도 듣고, 영혼으로도 듣는 것이다. 경청을 잘하면 사람들이 몰려온다. 들어주는 사람에게 말하고 싶어 하는 사람이 너무 많기 때문이다. 나는 말하는 직업을 가진 사람이라 실상 듣는 훈련을 못했다.

내게 걸려오는 전화는 다 돈과 관련된 전화뿐이다.

돈을 줄 테니 강의하러 오라는 것과 은행에 이자가 밀렸으니 돈을 내라는 전화뿐이다. 강의가 없이 쉬는 날에도 '잘 지내느냐, 놀러가자. 밥 한번 먹자'는 전화는 거의 오지 않는다. 반대로 내 아내는 별로 중요하지도 않은 일로 매일 똑같은 사람들과 하루 70통 이상의 전화를 한다. 집에 들어오면서도 통화를 하고 나가면서도 통화를 한다. 왜 저 사람은 저렇게 전화를 많이 할까?

곰곰이 생각해보니 그는 남의 일에 간섭을 많이 하는 사람이나.

들어주고 답하고, 들어주고 해결해 주는 해결사라 그런 것 같다.

난 왜 사적인 전화가 없을까,

첫째는 내가 안하기 때문이고, 둘째는 아내처럼 아무 쓸데없는 이야기들을 들어줄 용기가 없기 때문이다.

작은 이야기들을 들어주지 않으니 큰 이야기는 엄두도 보낸다.

내가 그 많은 인맥을 갖고서도 외롭게 살아가는 원인은 들어주지 않았음에 있다. 잘 들어주는 사람, 경청을 잘하는 사람들은 참으로 명품 인간이다.

얼마 전 모 시의회 특강을 해주고 선물 하나를 받았다. 선물을 주시는 분이 "이 선물은 15세기 조선시대에 만든 지름 21.9cm크기의 접시인데, 이름은 〈청화백자보상화당초문접시〉로 세계 도자기 경매사상 최고가액인 24억6천만 원짜리입니다. 오늘 강의비를 대신하여 드립니다.”라고 말할 때 난 순간 진짜인줄 알았다. “야, 살다보니 이런 날도 오는구나!”

그러나 곧 복제품인 것을 알고 씁쓸한 미소를 짓고 말았는데 집에 가지고 와서 그냥 이것을 진본으로 생각하기로 하였더니 접시에 새겨진 은은한 푸른빛이 마음을 밝게 한다. 하지만 마음 한편 구석에서는 ‘이게 진짜라면 나는 이것을 팔까? 소장할까? 아마 벌써 팔았을거야!, 쩝, 하필이면 복사본일까?’

명품과 짝퉁의 차이는 무엇일까?

접시 두께도, 문양도, 색깔도 모두 똑같은데 왜 이것은 값이 없을까?

이유는 단 한 가지, 조선 시대에 만들어지지 않았을 뿐이다.

사람도 잘 들어주는 명품의 성품도 어린 시절 부터 일찍이 만들어지면 세월이 갈수록 더 비싼 명품이 된다.

명품이 안 되는 이유는 일찍이 태어날 때부터 자신이 가지고 나온 강한 자아 때문이다.

명품 경청을 잘하지 못하는 원인들을 몇 가지 찾아보자.

경청을 못하는 사람들의 특징

1. 이해가 빨라서 상대방이 무슨 이야기를 하려는지 벌써 알고 있는 사람
2. 그래서 끝까지 말을 듣지 못하고 "아!, 난 네가 무슨 말을 하려는지 알겠어, 그건 이렇게 하면 돼" 라며 빠른 해결책을 주는 스타일
3. 머릿속으로는 다른 생각을 하면서 아주 선하고 부드러운 눈빛으로 상대를 바라보고 있지만, 머릿속에는 저 사람에게 지금 내 모습이 예쁘거나 멋있게 보이려는 데에 더 관심이 많은 사람
4. 듣는지 안 듣는지 아무 표정 없이 그냥 가만히 앉아 있는 사람
5. 그 사람의 말보다는 그 사람과의 과거의 사건이나 그때의 감정 때문에 더 이상 듣고 싶지 않아서 의도적으로 안 듣는 사람
6. 상대의 말보다도 그 사람이 입은 옷이나 액세서리, 머리 스타일, 향수 냄새, 혹은 만나고 있는 장소의 환경적인 요소에 더 마음이 끌려서 이야기를 잘 못 듣는 사람
7. 상대가 대화중에 숫자나 사건의 내용이나 잘못된 정보를 주었을 때, 지금 그 사람의 틀린 이야기를 해주어야 되나 말아야 되나 생각하다가 상대의 이야기를 못 듣는 사람
8. 상대방이 자기의 상황과 비슷할 말을 했을 때 '난 더해, 우리 신랑은 있지,' 하면서 자기 말을 더 많이 하는 주객이 전도되는 사람
9. 상대의 말이 그다지 들을 만한 것이 없다는 판단 하에서 말을 차단하고 "야, 야, 그거 열 번만 더 들으면 천 번째다, 지겹다, 그만해라. 아예 근원부터 차단시키는 스타일
10. 상대방을 인격적으로 무시해서 "너나 잘해라!" 하고 아예 들을 생각이 없는 사람

경청 공부

위 항목 중 자신에게 해당되는 항목을 체크해서 5개 이상이 되는 사람은 경청 훈련이 필요하다. 존경받고 싶으면 자신이 체크한 항목을 의도적으로라도 바꾸어 살아야 하고, 주변사람들에게도 자신이 듣는 자세를 바꾸려고 하니 도와달라고 요청해야 고쳐진다.

경청은 누군가와 소통하기 위한 도구이다.

신과 나누는 영혼의 소통에도 그 분의 말씀을 들어야한다.

보편적으로 사람들은 신께도 무얼 해달라고 잔뜩 요청만하고, 그 분 이야기는 듣지도 않은 채 일어선다.

한번은 마더테레사 수녀가 조용히 있으니, 제자 수녀가 "어머니, 뭐 하고 계세요?"라고 물었다. 테레사는 "하나님께 기도드리고 있어요." "아! 그러셨구나, 무슨 기도를 드리셨어요?" "그냥 그 분의 음성을 듣고 있어요." "어머, 그 분이 뭐라고 하시는데요?" "그 분도 그냥 내 음성을 듣고 계세요" 이것이 경청이 있는 기도다.

등산을 해도 자기 건강만 생각하며 정상 정복을 위해 열심히 걷기만 하는 사람은 산에서 나는 새 소리, 바람 소리, 나뭇잎 부딪치는 소리, 물 흐르는 소리를 듣지 못한다.

버스나 기차를 타고 여행하는 중에도 귀에 이어폰을 끼우고 문자 수신을 하는 사람들은 창밖 노을 진 들녘의 애잔한 소리를 듣지 못한다. 가까운 사람들과의 대화에도 자기 이야기만 열심히 해대다가 상대방이 말하려면 가버리는 사람들도 많다.

모두가 경청하는 법을 제대로 못 배웠기 때문이다.

경청에도 명품이 있다

대부분 존경받는 인물들을 보면 경청을 잘한다.

경청을 잘하는 인물은 그냥 있는 그대로의 나를 존중하고, 나를 받아준다.

우리가 어려서 할머니들을 좋아했던 이유는 할머니들이 경청의 달인들이기 때문이다. 옛날 일을 떠올려보면, 엄마에게 혼나서 할머니에게 도망 온 손자에게 할머니는 "누가 우리 광수를 때렸냐? 너냐?" 자기 손바닥으로 '짝' 소리를 내면서 엄마를 마구 혼낸다. 할머니의 치마 속에 숨은 손자는 한편으론 통쾌하면서도, 한편으론 진짜 할머니가 엄마를 때리는 게 아닌가, 불안해한다. 할머니의 야단이 오래가거나 심해지면 치맛자락 속에서 울면서 기어 나와 "할머니, 엄마 때리지 마! 내가 잘못 했어" 할머니와 어머니의 중재자역할을 했던 기억들이 있다. 나이 먹어 알고 보니 전부 할머니의 '공감 쇼'였다.

지금도 할머니의 치맛자락이 그리운 것은 잘못한 나를 조건 없이 받아주는 사랑이 할머니의 치마에 있었기 때문이다.

손자가 두려워하고 슬퍼할 땐, 말없이 메마르고 거친 손바닥으로 등을 쓰다듬어 준다.(터치 파동) 졸음이 올 땐, 무슨 가사인지도 모르는 괴상한 타령들을 노래하며 토닥토닥 두드린다.(페이싱)

훗날 밝혀졌지만 할머니나 엄마의 자장가가 세로토닌을 발생시킨다는 사실을, 이 자장가의 세로토닌이 우리들을 잠들게 한 것이다.

명품 경청을 하려면

"상대방과 똑 같이 해주라."

슬플 땐 상대와 같이 슬픔을 느껴야한다.

웃을 땐 상대와 같이 즐거움을 느껴야한다.

이것이 감정 영역에서 느낌을 같이 하는 공감empathy이다.

마음의 아픔을 겪은 사람들은 자신과 같은 아픔을 겪는 현대인들에게 공감 경청자들이 되어야 한다.

'너도 한 번 아파봐라, 내가 얼마나 힘들었는지!' 이런 사람들은 마음이 작은 사람들이다.

내가 아픈 이유는 누군가 나처럼 아플 때 위로해주라는 신의 소명이다.

그러므로 명품 공감은 빨리 알아차리고, 함께 느끼고, 함께 있어주는 것이다.

우뇌의 경청 능력이 감정을 공유하는 것이라면,

좌뇌의 경청 능력은 상대편의 말과 행동을 공유해주는 것이다.

내 앞에 있는 그 사람의 느낌, 말, 소리, 몸짓까지 그 사람처럼 되어주라는 것이다.

내가 더욱 멋있는 말을 만들어서 공감해 주면 더 훌륭하지만,

그냥 그 사람이 한 말을 그대로 해주는 것도 큰 감동을 준다.

왜냐하면 사람은 자신의 말에 감동을 받기 때문이다.

'내가 저런 멋있는 말을 했나? 나도 괜찮은 사람이네' 라고 느끼게 해 주는 것이 경청의 핵심이기 때문이다.

그러나 천성적으로 경청이 너무 어렵거든 이것 하나만 하면 된다. 따라서 해보자. "아~ 그렇구나!", "아~그랬구나!"

이것도 힘들거든, "아~" 끄덕끄덕

나는 어떤 연습을 집중적으로 해야 할까?

책을 잠시 덮고 자기의 경청의 부족한 부분을 찾아 새로운 습관과 이전에 하던 나쁜 습관들을 버리기로 결심하자.

＊＊＊

이제는 들어주자

현대인들은 무리 속에서도 독립적이다. 서로 비슷한 문화적 취향을 취하면서도, 개성을 추구하고 개성을 추구하면서도 떨어져나가려 하지 않는다.

어느 지방을 가는 도중에 식당을 찾는데 길가에 큼지막한 광고판을 가만히 보니 'KBS, MBC, SBS에 한 번도 안 나온 집'이라고 했다.

한참 웃었다. '참, 주인 재밌다'는 생각을 하면서 왜 저런 문장을 광고 문구로 사용했을까? 아마 주인의 마음은 이럴 것 같다.

'뭐, TV에 나온다고 특별히 더 맛있는 집도 아니고, 나도 그럴만한

환경이 안 되어서 TV에 안 나온 것이지, 음식이야 다 그 집이 그 집인데 무슨 TV에 나온 게 대수냐? 그러나 그래도 나올 수만 있다면 좋겠다.'

이런 여러 가지 복잡 미묘한 마음이 현대인들의 마음 구조인 것 같다. 스타들의 불행을 바라보면서도 스타가 되고 싶은 마음,

재벌들의 불행을 보면서도 부러워하는 우리들은 이런 마음들을 SNS로 표현한다. 그리고 누군지도 모르는 사람하고 논쟁이 붙기도 하고, 동맹도 맺고 적군도 만들고, 집단 조공도 하고 스타를 몰락시키기도 한다. 현대판 백가쟁명의 시대이다. 그러다보니 한마디로 세상이 시끄럽다. 모두 떠드는 사람만 있다 보니 들어주는 사람이 없다. 그래서 모두가 외롭다. 병원의 의사들도, 약국의 약사들도 평균 2분 이상 환자의 이야기를 듣지 않는다. 주민 센터를 가도, 은행을 가도, 어디를 가도 모두가 들어주지 않는다.

그래서 애완동물들을 기르며 못다 한 말들을 다 털어놓는 것 같다.

무슨 이야기일까?

자기 마음을 알아달라고 목청을 높이는 그 소리에 남의 소리가 들리지 않는 것이다. 코칭에서는 80%의 경청을 하고 20%는 질문만하라고 공부한다. 답을 주거나 훈계나 지시를 하지 말라고 한다. 그 사람 스스로 문제를 분석하고, 해결방안도 스스로 찾아내라고 한다. 코치는 말이 적어야 한다. 넓게 듣고 빨리 알아차리고, 깊게 느껴야 한다. 단지 실행할 때 의지가 약하거나 게으름 때문에 혼자 못하는 사람의 경우,

잘 하도록 후원해주고 점검해주는 선에서만 말하는 것뿐이다.

그래서 컨설팅이나 멘토링, 혹은 지식전달 교육은 전문가들이 말을 많이 하지만, 코칭은 상대방 스스로가 말을 많이 하면서 자신의 문제를 스스로 찾고 해결해나가도록 돕는다.

듣는 목적은 상대편이 되어주려고 듣는 것이다.

문제 해결이 목적이 아니다.

그냥 그 사람 편이 되어 주는 것뿐이다.

이 시대에 이보다 더 큰 이슈가 무엇이 있을까?

지혜롭게 경청하는 사람

| 경청 코칭 |

1. 사랑의 눈빛으로 상대를 보라 | 상대가 말할 때 상대의 눈을 보아라.

사랑하는 것을 바라보는 눈빛으로 상대를 바라보라

내가 말할 때 듣는 사람이 다른 일을 하거나 다른 것을 보고 있을 때, 말하는 이의 감정은 어떨까? 아마도 말하기가 싫어지거나, 말이 나오지 아니하고, 심지어는 무시당하는 느낌까지 들 것이다. 나한테 이렇게 제일 많이 하는 사람이 누구일까? 상사나 배우자들이 대부분이다. 그리고 나도 타인이 말할 때 바라보지 않는 상대는 대부분 부하들이나 배우자다.

많은 사람들은 눈으로 상대를 보는 것을 부담스러워 하는 사람들이 있다. 남을 잘 못 보는 사람들은 생각이 많은 사람이다. 보기가 부담스럽거든 상대를 이 세상에서 가장 사랑하는 사람이라고 보기 시작하라.

딸아이를 볼 때, 웃음이 나오거든 모든 사람을 대할 때 딸 보듯 보면 된다. 예쁜 숲길을 볼 때, 행복하거든 모든 사물을 대할 때 숲을 보는 눈빛으로 사물을 보면 싫고 좋음의 분별이 사라진다. 얼굴빛을 사람마다 바꾸는 것은 옳지 않다. 내 마음이 한결같으면 사람들을 대하는 눈빛도 한결같다. 이것이 상대의 눈을 바라보는 경청의 핵심이다. 이 기법을 아이컨택eye-contact이라고 부른다.

그래도 힘들거든 그의 눈 사이를 약간 사시 비슷하게 보면서라도 우리는 상대를 볼 필요가 있다. 입장 바꿔놓고 생각하면 쉽게 알 일이다.

사람은 눈으로 많은 말을 한다. 그리고 눈을 보면 안다. 나는 옛날에 터키에 그랜드바자르에 들러서 선물용 소형 카펫을 몇 십장 산 적이 있었다. 꽤나 비싼 가격을 지불했는데 시장 출구에 보니 똑같은 물건이 절반도 안 되는 가격으로 판매하고 있었다. 나는 먼저 물건을 산 그 가게를 찾아가서 물건을 주고 돈으로 다시 바꿔달라고 했더니 안 된다고 하였다. 주인은 내게 물었다. “왜 바꾸려고 하느냐?” 그래서 나는 ‘같은 물건이 저쪽에서 싸게 팔고 있다’는 말을 차마 못하고, “그냥 물건이 마음에 들지 않아서 못 사겠다” 라고 거짓말을 했다. 주인은 돈을 돌려주면서 내게 이렇게 말을 했다. “당신의 눈은 지금 내게 진실을 말하지 않고 있다.” 가슴이 뜨끔했다. 짙은 선글러스속에 숨겨 놓은 진실하지 않은 눈빛이 이미 간파당한 것이다. 눈을 피하는 나쁜 습관을 버려야 한다. 옆 눈으로 사람을 보거나, 눈동자만 왔다 갔다 하면서 상대를 보는 습관은 빨리 버려야 한다. 항상 상대를 바라보며 대화를 나누는 습관은 눈으로 드러나는 '진실함'이라는 좋은 품성을 만들기 때문에 아이컨택은 중요하다.

＊＊＊

2. 몸으로 듣기 | 같은 몸짓으로 대화하라

사람은 자기가 세상을 보는 기준이다. 자기의 경험, 신념, 지식, 뇌의 판단과 인식하는 시스템이 그 사람이 세상을 보는 기준이 된다. 그래서 사람들은 상대가 자기하고 비슷한 성향이나 좋아하는 것, 느낌 등이 비슷하면 편하게 상대를 대한다. 사람은 자기 때문에 긴장하지 않는다. 긴장하지 않고 만날 수 있는 사람이 친구다. 짧은 시간이지만 상대의 친구가 되어줄 수 있다면 어떻게 될까? 이러한 성품이 친근감이다. 대개 사랑받는 사람들이 이런 성품들을 가지고 있다. 푸근함, 편안함, 친밀감 등 간섭하지 않고 상대를 있는 그대로 받아들여 주는 사람들에게 현대인들은 목말라하고 있다. 이런 사람들이 명품인간이다.

경청 방법 중에 이런 훈련법을 미러링mirroring이라고 한다. 마치 거울처럼 상대방이 되어주는 것이다. 그가 가장 오랜 세월동안 본 얼굴은 자신이기 때문에 상대방처럼 자세를 취해주면 상대는 마치 자기하고 있는 것처럼 편하게 대화하도록 만들어주는 기법이다. 제주도에 어느 관광지에 거울을 붙여 놓았는데, 사람들은 그 거울 앞에서 마치 원숭이처럼 여러 가지로 자신의 얼굴을 가지고 표정이나 치아, 혓바닥 등을 가지고 장난을 논다. 그러나 출구 쪽으로 나올 때가 되면 아까 자신이 서서 온갖 표정 쇼를 연출하던 그 거울이 뒤에서 다 보이는 거울이었음을 알게 된다. 이제는 자신이 관람객이 되어 거울 뒤쪽의 사람들이 아까 자기처럼 온갖 쇼를 하는 것을 보고 한참 웃는다.

왜 사람들은 거울을 볼까?

동물들 중에서도 거울을 보여주면 침팬지처럼 그 대상이 자신임을 알아차리는 동물들이 여럿 있다. 자기인식능력이다. 우리도 상대방과 대화를 나눌 때 그 사람이 취하고 있는 자세나 표정, 행동들을 비슷하게 취해주면(단 너무 요란하지 않게 상대방이 모를 만큼)상대방은 왜 그런지 모르는데도 이 사람과 대화하는 것이 편하고, 더 말을 많이 하고 싶어 한다. 실제로 턱을 괴고 창밖을 바라보는 부하 직원을 보면서 상사들은 '무능한 저놈이 졸기까지 한다'라고 판단할 것이다. 생각으로 판단하지 말고 그가 취한 손의 위치나 머리의 각도 등을 잘 살핀 뒤에 똑같이 한번 자세를 취해보면 다른 경험을 하게 된다. 내 판단과는 많이 다른 느낌들을 느끼고 그의 마음을 읽게 될 것이다.

✳ ✳ ✳

3. 소리로 듣기 | 같은 톤으로 대화하라

사람들은 상대방과 대화를 나눌 때에 대부분 그 내용에 관심을 갖지만 좋은 대화를 나누고 상대와의 더욱 깊은 소통을 나누려면 우리는 그들이 말하는 소리(음)에도 관심을 가져야 한다. 특히 청각 기능이 강한 청각형일 경우, 그들은 대화의 내용을 지속시키지 못하게 하는 또 다른 요인들을 발견하게 된다. 거슬리는 음성 때문이다. 청각형들은 소리로 사람들을 판단한다. 이들은 바다를 생각해보라하면 파도소리, 통통배 가는 소리, 갈매기소리, 폭죽소리, 아이들 노는 소리가 들린다. 그러나 시각형 사람들은 파란 색, 파도, 비키니가 먼저 보이고 촉각형 사람들은 짠 내음, 탁 트임, 시원함, 회 이런 것들이 먼저 떠오른다. 청각형들은 보이는 것보다 들리는 것에 더욱 민감하다. 목소리의 컬러도 다양하다. 음색도 맑고 깨끗한 사람이 있는가하면, 탁하고 거친 사람들도 있다. 청각형들은 소음에 민감해서 시끄러운 대로변의 아파트에서 살지 못하고 층간소음에도 굉장히 민감하다.

귀가 발달된 사람들이기 때문이다.

이들은 음악 듣는 것을 좋아하고, 음성 좋은 사람을 신호한다. 성격이 차분한 사람들은 낮은 톤의 대화를 선호하지만, 강한 사람들은 마치 싸우는 사람들처럼 목소리의 톤이 높아서 대화가 불편하다. 중요한 이야기인데도 대충 듣고 빨리 정리하고 싶어 한다. 대다수가 좋아하는 음성은 음색이 맑고 가볍다. 은쟁반 위에 옥구슬 굴러가는 소리를 내며 소리가 가슴에서 나온다. 머리나 목에서 나오는 소리는 탁하다. 지구상에 현존하는 사람들 중에 은쟁반 옥구슬 음색을 가진 사람들을 만나 본적이 있는가? 필자는 아나운서 출신 코치인 모 코치를 만나서 대화를 나누다가 음성이 가슴에서 나오는 것을 들었다. 가슴부터 머리까지 텅 비어있는 공간에서 구슬이 흘러나오듯이 그냥 듣기만 해도 즐거웠다. 태어나 처음 만난 소리였다. 중국인들은 자기를 알아주는 사람들을 지음知音이라고 부른다. 사마의와 공명은 서로 그렇게 싸우면서도 상대를 사랑하며 아쉬워한다. 나는 중국에서 강의할 때, 일부로 긴 문장을 강의 도입부에 넣고 그들로 하여금 함께 소리 내어 읽게 한다. 그들이 내는 집단 군무와 같은 중국의 성조가 담긴 시어詩語들을 듣고 싶어서이다. 중국어는 말이 빠르고 글자들은 소리가 강하다. 그래서 상당히 정신없고 시끄럽게 들리지만 문학적인 틀을 갖춘 문장들을 성조에 맞춰 읽을 때, 인생에 대한 깊은 교훈을 얻는 듯 원초적인 자연의 권위를 듣는다. 물론 내 귀에만 들릴 수 있는 소리이기도 하지만, 동물들도 음의 높낮이와 길이의 장단으로 소통을 한다. 사람이 대화를 나누는 중에도 실제 대화를 하는 내용이 대화 전체에서 차지하는 비율은 33%에 불과하다. 나머지는 눈빛이나 행동 같은 비언어들로 말을 한다. 그래서 명품 경청을 하는 사람들은 음을 사용하는 사람들이다. 그것이 바로 소리를 맞춰주는 것이다.

앞의 장에서 몸의 형태를 비슷하게 맞춰주라는 것은 시각적 경청이지만,

여기서는 상대의 음조의 길고 짧음과 높고 낮음에 자기 소리를 맞추는 청각적 경청 훈련을 해야 한다. 이 훈련을 페이싱pacing이라고 부른다.

사람은 가장 오랜 세월동안 들은 음성이 자신의 음성이기 때문에, 자신의 음성에 맞춰서 대화를 나누는 사람들에겐 이상스러우리만큼 친밀감을 느낀다. 우리가 흔히 영화에서 많이 보는 장면 중에 키스신이 나올 때에 그들의 음성이 남녀 간에 서로 톤 다운되는 것을 귀 기울여

들어야 한다. 우리나라 사람들도 멀쩡히 큰 목소리로 수다를 떨다가도 남의 흉을 보는 대목에 가서는 갑자기 주변을 살피고는 "근데 그 언니가 좀 수상해" 하며 아주 작은 소리로 머리를 숙이면서 말하면 듣던 사람들도 같이 머리를 숙이면서 "왜 ~ "모두 조용하게 말한다. 남의 흉을 보는데도 상대방과 페이스를 맞춰주는 것이다. 좋아서 흥분한 사람에게는 같이 콧구멍을 벌렁거리면서 "우와" 해주고, 힘들고 지쳐있는 사람에게는 낮은 톤으로 조용히 위로를 해주는 것이다. 이러한 인간의 페이싱 기능은 아주 원시적 기능으로써 이성보다도 먼저 발달된 기능이다. 남녀사이의 관계에서도 소리를 통해서 만들어지는 일들이 얼마나 많은가?

실습하기 : 상대방에게 안녕하세요? 말하게 하고 그의 음성의 돈을 기억하라, 그리고 몇 번 소리를 그의 톤에 맞추어 소리를 내어본 뒤에 하나, 둘, 셋에 상대방과 내가 동시에 '안녕하세요?' 소리를 내보는 것이다. 안 맞으면 다시해 보라, 남자와 남자, 여자와 여자끼리는 맞추기가 쉬운데 남자와 여성은 서로 톤의 높이 차이가 심하기 때문에 남성이 3도 정도쯤 소리를 낮춘다고 생각을 하고 여성들은 조금 높여서 실습을 해보라, 그러면 왜 여성들이 중저음 남성을 좋아하고, 남성들은 약간의 애교 섞인 고음에 끌리는지를 알게 된다. 그것은 자신의 소리이기 때문이다.

차후 타인들과 대화를 할 때에 몸에 배일 때까지 의도적으로 훈련하라.

훈련한 만큼 사람들이 내게서 얻어가는 위안과 안식이 많아 질 것이다.

＊＊＊

4. 상대방의 말 반복 혹은 정리 해주기 | 상대방의 말을 같이 따라서 하거나 간단하게 정리해주라

좋은 대화를 하는 사람들은 서로 사용하는 용어나 단어들에 대한 공감적인 인식이 있어야 한다. 커다란 코끼리의 서로 다른 몸들을 만지면서 코끼리는 이렇게 생겼다라고 서로 다르게 말하는 사람들은 서로 소통할 수 없다. 이 때 필요한 것이 지금 자신들이 만지고 있는 것이 어느 위치에 속한, 어떤 기능을 가진 무엇인지 아는 것이다. 대화도 마찬가지이다. 듣는 것이 힘든 것은 같은 용어도 자신이 경험하고 인지한 그림으로 듣기 때문이다. 나는 경청에 대한 강의를 할 때 사람들에게 병을 하나씩 그려보게 한다. 그리고 서로 무슨 병인지 말하게 하는데 같은 병은 하나도 없다. 꽃을 좋아하는 사람은 꽃 병, 술을 안 먹는 사람들은 콜라 병이나, 물 병, 소주를 좋아하는 사람은 소주 병, 맥주를 좋아하는 사람은 맥주 병, 와인을 좋아하는 사람은 와인 병, 어떤 사람은 질병을 생각하고 세균을 그리는 사람도 있고, 떡(병餠)그리는 사람, 병풍을 그리는 사람, 같은 종류의 병도 모두 제각각 다르다. 이것이 인간이 경청이 안 되는 원리이다. 모두 자기 식으로 듣기 때문이다. 그래서 우리는 좋은 대화를 하기 위해서 경청자의 수준 높은 경청 능력이 필요하다.

이 장에서는 명료한 대화를 위해 문장을 요약해주는 훈련을 배운다.

이 기법을 백트래킹back tracking이라고 한다.

첫째, 사교성이 강한 사람들은 말하기를 좋아해서 잘 들어주는 사람

을 만나면 쉴 새 없이 이야기를 퍼붓는데 본인도 자신이 무슨 이야기를 하는지 잊어버릴 정도로 이야기의 주제가 동서남북으로 흘러 다닌다. 이들하고 이야기를 할 때 대충 무슨 이야기인지 알게 되면 그 때 지혜롭게 화제를 바꾸거나 다른 사람에게도 이야기를 할 수 있도록 해야 한다. 정신없이 오래도록 하는 사람들의 말을 허벅지를 꼬집어가면서 참고 듣는 것은 좋은 경청 습관이 아니다.

말을 잘라야 한다. 언제 자를까? 그 사람 숨 쉴 때 그 때가 타이밍이다. 말을 자르고선 그 사람에게 "아, 그러니까 당신의 이야기는 이런 것이군요!" 하면서 그 사람의 이야기를 정리요약해주면 "아, 참 좋아요. 또 어떤 다른 방법이 있을까요?" 하고 화제를 자연스럽게 옮겨가면 된다.

말이 많은 사람들 가운데 이런 사람을 굉장히 좋아하는 사람들도 있다. 왜냐하면 자신도 자신의 말을 어떻게 정리하고 끝을 맺어야 할지 몰라서 쓸데없는 이야기를 다 해야 하는데, 이렇게 정리해주고 칭찬해주면서 마이크를 옮기는 사람들이 고맙기까지 한다.

상대방의 대화의 핵심을 말해주라

두 번째 방법은 상대가 말한 이야기들의 핵심만 골라서 같이 따라 해주는 것이다. 예를 들어, 어느 회사의 상무가 부장 회의를 소집했는데 김 부장이 회의에 참석을 못했다. 그 다음 날 상무를 본 김 부장은 "상무님, 어제 어머니가 갑자기 편찮으셔서 모시고 병원엘 가느라고 저녁 회의에 참석을 못했습니다. 죄송합니다." 자 이런 대화에서 백트래킹

기법(상대방의 말을 되 따라 하거나 대화 중 핵심을 골라서 말해주는 기법)을 사용해야 한다. 백트래킹에서 핵심 문장이나 키워드 요약해주기를 써야 한다. 이것이 공감을 만드는 경청 기법이다. 그러면 상무는 어떻게 말을 해야 하나?

***

1) 아, 어저께 김 부장이 많이 바빴구나!

2) 아, 김 부장, 어저께 회의 참석을 못했구나!
　　이 부장에게 회의 내용을 잘 전달받으시게

3) 아, 어머니가 편찮으셨다고? 많이 편찮으셔? 어느 병원에 계셔? 오늘 좀 근무를 일찍 끝내고 같이 가자!
　　일이 중요한 사람은 1,2번을 택하고 사람이 중요한 사람은 3번을 택할 것이다. 키워드는 무엇인가? 어머니가 편찮으셨기 때문에 결국은 회의 참석을 못한 것이고 또 인간의 도리를 놓고 보아도 어머니가 더 중요하다.

***

이럴 때 비정하게 회의 이야기만 하는 상사는 세월이 지나면 감성 능력 결여와 부하들의 저평가로 인해 상위 진급을 못하게 된다. 대기업의 사장단에서 임원들에게 요구하는 것도 꼭 실적을 많이 내는 것만이 아니다. 부하들과의 원만한 인간관계와 덕스러운 지도자로 성장하기를 원하는 회사들도 많다. 이럴 때 백트래킹훈련이 잘되어 있어서 부하의 아픔을 공감하고 "아, 어머니가 갑자기 편찮으셔서 놀랐겠네, 퇴근

후 어머니 뵈러 같이 가자" 하고 시간을 내어서 자기의 모친을 돌아보는 그 상사에게 부하들은 언젠가 다른 것으로 그 사랑을 갚는다. 이것이 원래 한국형 기업 문화이다. 성과보다도 구성원들의 행복과 삶에 관심을 가져주는 회사가 공감능력이 뛰어나고 이런 회사들은 구성원들의 열정과 헌신이라는 시너지를 이끌어 낸다.

프로 야구팀들도 똑같다. 외부에서 실력 좋은 FA급 선수들을 몇 십억씩 주고 사와서 팀의 성적을 올리려고 하지만 그들은 쉬 망가진다. 그러나 화수분처럼 끊임없이 신인들이나 유망주들을 육성하는 중장기적인 마인드를 갖춘 팀들은 꾸준히 양질의 선수들이 배출되고 신구조화를 통한 세대교체가 자연스럽다. 팀워크나 팀의 분위기도 끈끈하고 좋다. 결국 이런 팀들이 저비용 고효율 선수들을 만들어 내고 훗날 너무 비싼 값에 선수들도 해외에 보내기도 하고 회사에도 기여하게 만든다. 두산이나 넥센 같은 팀들이 이런 대표적인 경우에 든다.

이야기가 조금 옆길로 새나갔지만 상대의 말 속에 숨어있는 키워드가 무엇인지 집중해서 찾아내고 그 말을 그대로 되받아주는 습관의 중요성은 아무리 강조해도 지나침이 없다. 이것은 많은 시간 집중해서 훈련을 해야 한다. 그러나 정 힘들거든 앞에서 말한 이것만이라도 꼭 해야 한다. "아, 그렇구나, 아, 그랬었구나, 아, 그런 일이 있었구나. 이것도 하기 힘들면, 머리라도 끄덕이면 된다. 중요한 것은 상대가 자기의 말을 들어주고 있다는 것을 보여주면 된다.

책임지는 사람 Responsibility

모든 갈등은 책임을 지지 않을 때 만들어진다. 반대로 말하면 책임을 지면 갈등은 사라진다. 대학수능시험을 치룬 학생들이 인터넷에 글을 올린 것을 읽은 적이 있다. '5분마다 한숨 쉬는 우리 아버지의 숨소리에 차라리 죽고 싶다.' 댓글에 어떤 여학생이 올렸다. "우리 엄마는 3일째 울고 있어요." "시험문제가 예상보다 어렵게 나왔다. 3년째 시험보고 있는데 내년을 기약해야 할 것 같다. 헬 조선, 개한민국" 자신과 사회에 대해서 원망하는 글이 폭주하는데 한쪽에서는 '네가 노력한 만큼 나온 것'이라는 비난성 글들도 너무나 많다. 우리 사회가 언제까지 이런 식의 교육을 해야 할 지. 자신과 부모님의 기대치만큼 성적이 나오지 않아 이런 일들이 벌어졌다. 누가 책임져야 할까?

공부를 열심히 했는데 듣지도 보지도 못한 시험문제 때문에 성적이 나오지 않은 학생들은 출제자들을 탓할 것이고, 그만한 변별력 있는 문제는 풀 수 있어야 최상류대학에 진학할 수 있는 실력으로 인정하겠다는 사람들은 더 깊이 공부하지 않은 학생들의 실력을 탓할 것이고 (왜냐하면 풀어내는 학생들도 있기 때문에) 부모는 양쪽 다 탓할 것이다. 누구는 이러한 제도를 만든 나라를 탓할 수도 있다. 모두가 속상하고 안타까운 일이다. 12년 교육의 결과를 시험 하나로 인생을 결정지어야 하는 이런 나라는 참으로 아이들이 살기 힘든 나라이다.

자신이 하고 싶은 것(욕구)과 잘하는 것(능력)을 직업으로 갖는 사람은 행복한 사람이고, 좋아하는 것(열정)과 가장 귀하게 여기는 것(가치)이 같은 사람은 명품 인간이다.

나는 개인적으로 미국식 교육보다 누구나 다 들어가고 공부 안하면 졸업이 힘든 독일식 모델을 교육 시스템에 적응했으면 하는 마음이다.

독일은 우리처럼 무슨 명문이니 지방대니 하는 개념이 없다. 대학 이름이 지방대라는 대학도 없는데 우리는 사람을 학교가 있는 지역으로 평가를 한다.

무슨 조선시대 임금들의 순서를 태, 정, 태, 세 라며 순서를 외우듯이 대학들도 서. 연. 고. 서. 성. 한. 순으로 명문으로 인식한다. 그리고 나머지 지방대는 지잡대라고 부른다. 나도 대전에 있는 대학을 나왔으니 지잡대 출신이다. 나는 지잡대가 무슨 뜻인지 모른다. 아마도 지방의

잡스런 대학? 잡놈들이 다니는 지방에 있는 대학?

　항간에 떠도는 우스갯소리 중에 우리나라 엄마들은 아이가 태어나는 순간부터 전부 아인슈타인되기를 열망해서 아인슈타인 우유를 먹인다. 그런데 아이가 커가면서 보니까 영재가 아닌 것 같아 그 다음에는 서울대라도 가라고 서울 우유를 먹인다. 애가 초등학교 졸업할 때가 되니 서울대를 갈만한 아이가 아닌 것을 발견하고는, 그 다음부터는 연세 우유를 먹인다. 중학교를 졸업할 즈음엔 연세대 가기가 어려운 현실임을 직시 한 뒤론 건국대라도 가면 괜찮겠다고 해서 건국 우유를 먹이기 시작한다. 고등학교를 졸업할 때가 돼서는 건국대를 가기가 힘든 것을 알고는 지방 대학을 안가고 수도권이라도 가도록 저지방 우유를 먹인단다. 비록 우스개소리이지만 세계 경제 10위권에 있는 국가의 이야기다. 어떻게 이렇게까지 나라가 이르렀는지 이 사태를 누가 책임을 져야할까? 대학에 강의를 가면 스스로 자기를 포기한 학생들도 상당히 많이 눈에 뜨인다. 강의 시간에 책은 없고 휴대폰 하나 책상 위에 달랑 놓고, 귀에는 이어폰을 꽂은 채 교수 얼굴을 강의 마칠 때까지 한 번도 쳐다보지 않는다. 그런가하면 열심히 공부하는 학생들은 전공에 대한 공부를 하는 것이 아니라, 입사 시험 준비를 하고 있다. 나는 대기업의 무수한 임원들을 코칭 했다. 대부분의 임원들이 하는 소리는 대학에서 배워서 온 것이 현장에서는 아무 쓸데가 없어, 다시 가르쳐야 한다고 한다. 사원 재교육에 들어가는 비용도 만만치 않다. 그리고 입사 한 후에도 20%의 우수한 인력만 제대로 일하고, 나머지 80%의 사원들은 비창의적으로 시키는 일만 겨우 하는 정도라고 한탄스러워 한다. 이것이 우리 교육의 현실이다. 무엇을 배워야 하고 무엇을 가르쳐야 하는지 모두가 따로따로이다. 물론 모든 회사가 다 그렇다는 말은 아니다. 그러나 무능한 사람들 대부분은 실제 산업 현장에 와서는 상사들로부터 깨지는 게 일이다. 기업은 다른 말로 하면 조금 큰 장사를 하는 곳이다. 신입을 빨리 투입시켜 성과를 내야하는데 좋은 대학만 나와 공부만 했지 일을 모른다. 일과 다른 공부를 했기 때문이다. 이제야 우리 기업들이 영어보다도 인성이나 실제 기업 업무와 관련된 사항들에 대해서 인사를 하겠다는 것도 이런 시행착오를 겪었기 때문이다. 기업들은 그래도 생존이 달려 있으니 시속300킬로의 속도로 일하고 준비하고 사람을 길러내며 자신들의 시행착오에 대해 책임을 진다. 그러나 제일 느린 것이 정부이며 법이다. 법은 시속 20킬로의 속도로 따라가니 기업하는 사람들이 살기가 힘든 것이다. 그 이면에는 국가의 행정의 결과에 대해서 책임지는 사람이 없기 때문이다. 304명의 생명을 놓쳐버린 세월호 사건도 책임지는 사람이 없다. 애꿎은 해경만 없어졌다. 바다의 안전을 책임질 해경을 왜 없앴는지 이해할 수 없는 것이다.

국정농단의 엄청난 최 순실사태도 전부 모른다고 한다. 단 한사람도 "제가 잘못했습니다, 제 책임입니다."라는 사람들이 없다. 전부 거짓말에 익숙해져 있는 것은 책임지는 삶을 귀하게 여기지 아니하기 때문이다. 도리어 대충 시간이 지나가면 해결되겠지라는 잘못된 의식으로 책임을 숨겨놓고 모두가 한 줄로 연결되어 있으니 서로 책임을 회피한다.

이래서 노벨상 탈 인물 한 사람이 안 나오는 것이다.

인천 월미도 은하 레일도 800억을 쏟아 붓고 고철 덩어리로 폐기 처분하는데 아무도 책임을 지는 사람이 없다. 국가와 큰 기업들이 시행착오를 거치면서도 국민에 대한 공약에 대한 약속을 어기면서도 책임을 지는 사람이 없다.

어느 틈엔가 우리 사회에서는 책임을 지는 풍토가 사라졌다. 여기서부터 사회 갈등이 시작되는 것이다. 유전무죄, 무전유죄라는 말들도 책임에 대한 이야기이다. 책임은 정직이라는 품성에 바탕을 두고 있다. 자신의 말에 대한 책임, 스스로 한 약속에 대한 책임, 결혼식 때 서약한 약속, 세례를 받을 때 서약한 것들, 아플 때 "한 번만 살려주신다면!" 서원하고, 어려울 때 약속한 것(이번 한번만 도와주시면)들을 지키지 않고 모두가 슬그머니 넘어간다. 국가의 지도자들이 이러니 기업, 종교, 공직, 학교, 스포츠, 문화, 연예계에 이르기까지 도덕적인 해이가 손을 댈 수 없을 만큼 환부가 깊다. 모두가 돈만 벌려고 한다. 국가의 품격이 없어지는 것이다.

책임져야 한다. 책임을 지는 사람들이 많아져야 한다. 그래야 아이들이 보면서 잘못하면 저렇게 벌을 받고 어렵게 되는구나 하는 것을 보며 자라야지 나라에 미래가 있다. 그래야 서민들이 희망을 본다.

국가의 장래는 아이들에게 달려있다. 아무리 창의 교육, 창조 경제를 말해도 국민 의식이 낮으면 더 큰 성장과 인류의 미래를 이끌 수 없다. 국가의 의식은 작은 것 하나라도 책임지는 사람들이 많아져야 높아진다.

그러면 책임을 진다는 것은 무엇일까?

책임감은 영어로 responsibility이다. 이 단어는 response와 ability의 합성어이다. 풀어서 보면 반응하는 능력을 말한다. 책임감이란 반응하는 능력을 말한다. 일기 예보에는 없었는데 갑자기 비가 쏟아져 우산 없이 그 비를 그냥 맞게 되었다. 이 때 여러분은 어떻게 반응하는가? 이것이 비에 대한 자신의 책임감이다. 어떤 사람(성격이 거칠고 급하며 입이 거친 사람)은 그냥 그 비를 맞으며 기상대에 욕을 퍼붓다가 자동차가 뿌리며 지나가는 물세례를 맞고, 또 그 차에 대고 화를 낸다. 그 때 마침 우산을 펴는 여인의 우산살에 찔려서 또 한 번 험한 인상 쓰며 가는 사람들은 그 비를 대처하는 자신의 반응이 스스로를 그렇게 만든 것이다. 반대로 어떤 사람은 가까운 커피숍으로 뛰어 들어가 비를 감상하며 따뜻한 커피를 즐기는 사람도 있다. 갑자기 쏟아진 비가 사람들에게 어떤 결과를 만들든지 모두 본인의 책임이다. 우린 단 1%라도 내가 책임질 것이 있다면 책임을 지겠다는 마음을 어려서부터 가르쳐야 한다. 이런 나라가 명품 국가다. 나쁜 짓을 저질러놓고도 자신이 책임을 지지 않고 남에게 전가하거나 유야무야 넘어가면 국가의 미래가 없다. 우리 만족은 성질은 좀 급한 편이지만 머리가 좋고 재능이 많다. 감각이 뛰어난 우뇌 형이 조금 더 많은 나라이기 때문에 이태리나 프랑스처럼 예술적 감각을 바탕으로 하는 디자인 산업부터 게임과 같은 소프트웨어에 이르기까지 산업 부가가치가 높은 국가이다. 또 손의 감각이 좋아서 IT분야에도 세계 선두자리를 유지하고 있는 것이다. 유럽이나 미국 친구들은 우리나라 아이들이 콩자반을 젓가락으로 집는 것이나, 도토리묵을 측편 형 쇠 젓가락으로 집어 흔들흔들하면서도 입 안으로 골인시키는 신기에 가까운 젓가락 신공을 보면서 환호성을 지른다. 그 서양 친구들은 포크로 찍어서 먹는 문화라 손의 움직임이 둔하다. 이토록 작은 나라가 단기간에 이런 고속 성장을 이룬 것도 뛰어난 창의성과 빠른 응용, 그리고 성과 중심의 에너지가 모여서 지금의 부유한 나라를 만들었다. 그러나 엄밀히 보면 우리가 GNP10,000$에서 20,000$에 이르는데 15년 걸렸다. 일본이나 싱가포르는 5년 걸렸다. 그리고 일본은 다시 5년 만에 3만 불을 돌파했는데 우리는 아직도 오르지 못하고 있다. 싱가포르는 벌써 4만 불을 넘어섰는데 우리는 아직 3만 불을 넘지도 못하고 오히려 피부로 느끼는 경제는 더욱 악화상태이다. 국민 의식이 국가 성장의 한계를 정한다. 눈에 보이지 않는 국가 간의 무역이란 예전에는 좋은 품질의 물건을 저렴하게 팔아서 돈을 벌기만 하면 되는 줄 알았다. 하지만 요즈음 선진국들은 우리의 물건만 보는 것이 아니다. 작게 보면 물건을 사고파는 구매자들이나 마케팅 담당자들의 삶과 행동, 언어와 신뢰성, 정직성, 책임지는 자세 등을 유심히 보는 것이다.

우리나라에서 통용되는 밤 문화를 이용해 접대하고 뇌물을 주면서 문제를 풀어나가는 사고방식은 좌뇌를 사용하는 북유럽이나. 북미, 일본과 같은 나라에서는 역효과를 낸다. 그런 마인드로 무역 상대에 접근하는 것이 당시에는 별 것 아닌 것 같지만, 그들은 그들이 만나는 사람들을 보면서 국가를 평가하는 것이다. 이것이 우리가 의외로 더디게 성장하는 거시 경제와 국민 의식의 관련성이다. 이런 부분은 중국도 마찬가지이다. 중국은 우리와 같이 우뇌를 사용하는 민족으로 진정한 미래의 강대국으로 우뚝 서려면 국민 의식을 높여야 한다. 중국인들은 아무리 제재를 가해도, 돈이라면 무슨 일이든 다 할 수 있는 국민들의 의식이 쉽게 변하지 않는 것을 알게 되었다. 그래서 그들은 공자를 다시 살리고 높은 의식을 고취하여 국민들을 설득하려 하지만 이미 자본화된 사회주의의 인성 교육에서 희망을 찾기가 쉽지 않다.

중국은 지구의 5분의 1이 넘는 국민들과 세계의 부와 정보를 쥐고 있는 강대국이다. 경제,군사,영토만 강대국이 아니라 높은 의식으로 인류사에 희망을 던져야 할 책임이 있다. 세계의 문제에 함께 고민하고 함께 짐을 져야 한다. 보다 거시적인 지구 환경 문제나 에이즈, 마약, 각종 성 문제와 부와 빈곤의 양극화, 아이들의 인성 교육 등 세계사적인 문제들에 깊은 관심을 가져야 한다. 가난한 나라를 돕고 가난한 사람들을 돌봐야 한다. 자국의 힘을 과시하며 남의 나라 어부들의 생활 터전을 훔치면 안 된다. 더욱 높은 의식 교육을 시키지 않으면 지금 누리는 이 찬란한 부유함도 사라지게 된다. 우리는 역사에서 깨어 있지 않고 바른 의식을 갖지 않는 나라가 오래지탱된 것을 본 적이 없다. 우리 모두는 역사에서 교훈 받는 일을 게을리 해서는 안 된다. 돈만 된다면 무슨 짓을 해서라도 돈벌이를 하는 나라는 오래가지 못한다. 이 일은 아주 작지만 미래에는 반드시 큰 문제가 발생하게 된다.

책임을 지는 명품 인간이 된다는 것은 주어진 과제나 봉착한 상황에 대해서 어떻게 반응하느냐에 달려있다.

***

그럼 내가 책임 질 것은 무엇인가?

이제는 자신에 대한 스스로의 반응을 살펴보자

예를 들어 장애인으로 태어난 것은 누구의 책임인가?

본인인가? 부모인가? 예수의 제자들도 길가에 있던 소경을 보고 예수께 물었다. "저가 소경이 된 것은 자기의 죄 때문입니까? 부모의 죄 때문입니까?" 예수는 "그 누구의 죄도 아니다. 다만 장애인을 통해서도 하나님은 일하시고 영광을 나타내고자할 뿐이라"고 하였다. 그리고는 소경의 눈을 뜨게 하였다. 사람들은 어떤 일이 발생할 때에 항상 남에게서 상황의 원인을 찾아내고, 그에게서 책임을 묻는다.

한번은 예수가 길을 걷는데 유대인들이 간음하다가 현장에서 붙잡힌 여자를 데리고 왔다. 유대인들의 율법에는 간음하는 여자는 돌로 쳐서 죽이도록 되어있었다. 그들은 예수께 물었다. "이 여자를 어찌해야 합니까?" "법대로 하라"고 하면 "서로 사랑하라"는 예수의 말씀에 합당치 않고, 그를 "그냥 보내라"고 하면 "율법을 어겼다"고 고소할 판이다. 그 때 예수는 "죄 없는 놈이 먼저 쳐라" 자신들의 죄를 자각했는지 유대인들이 하나씩 둘씩 떠나가고 여자와 예수만 남게 되었다. 예수의 말씀이 명품이다. "가라, 나도 너를 죄인이라고 부르지 않겠다. 그러나 다시는 죄를 짓지 마라" 예수는 그에게 스스로 삶에 대한 반응을 바르게 하라고 당부하는 것이다.

장애인으로 태어난 것은 어찌 보면 부모 책임이 더 강하다. 임신 중 질병이나 약물 복용, 물리적 충격이나 유전자적인 결함 등 요인은 수도 없이 많다. 장애인들은 아무리 부모가 '너는 하늘에서 우리 가정으로 섬기라고 보낸 선물이야!'고 애써 위로를 해도 일생동안 그가 짊어지고 가야할 짐은 보통 큰 것이 아니다. 자신이 장애인이라는 사실이, 현실이 아닌 한바탕 꿈이었으면 좋겠지만, 아무리 많은 날을 잠을 자고 일어나도 변하지 않는 장애는 현실이다. 부모도 이 상황에 대해서 죄의식을 갖거나 자학을 해서도 안 된다.

가장 건강한 반응을 해야 한다. 장애 자녀가 스스로 질 히도록 돕는 것이다. 더 중요한 것은 장애인 본인이 자기의 몸과 자신이 살아야 할 삶에 대한 반응을 잘해야 한다. 그것이 자신이 자기의 삶에 책임지는 것이다. 어떤 장애인은 분노와 슬픔으로 어릴 때부터 놀림을 당해서 정신적 트라우마가 신체보다 더 힘든 사람들도 많다. 사회적인 차별뿐 아니라 어디 다니기도 쉽지 않다. 그래서 좌절과 낙망의 한 세월을 눈물로 보내고 차라리 태어나지 않았으면 하며 비통한 인생을 마치는 분들도 많다. 그러나 레나 마리아처럼 한 쪽 다리만 있는 몸으로도 수영 대회서 금메달을 4개나 따고, 성가대 지휘를 하며 아름다운 목소리로 전 세계를 다니면서 힘든 사람들에게 모든 사람은 동등한 권리와 동등한 가치를 가지고 태었나다는 소망의 메시지를 주는 사람도 있다. 닉

부이치치처럼 아름다운 희망의 글로 용기와 꿈을 심어주기도 한다. 육체는 정상인이지만 마음은 장애인인 현대인들에게 바르게 살아야할 가르침을 주는 장애자들도 많다. 이 모든 것이 반응하는 방법의 차이다.

＊＊＊

왜 우리 집은 이렇게 가난할까? 나의 어린 시절의 질문이었다. 차비를 아껴 200원짜리 삼중당문고의 책 한 권을 사들고 밤이 새도록 읽었다. 가난했어도 불행하다고 생각 안했다. 도리어 한 권씩 사서 모으면서 어린 나이에도 서재를 만들어 가는 즐거움도 있었다. 어느 날 학교 도서관에서 공짜로 책을 빌릴 수 있는 정보를 알고 나서는 마치 황금동굴을 발견한 사람처럼 행복했던 중학교 시절도 있었다.

자신의 얼굴 생김새에 대해서도 뜯어 고치고 싶은 것도 행복하게 사는 길이라고 생각하는 사람들도 많지만, 우선은 자신의 얼굴에 대해서도 건강한 반응을 찾아보는 것을 먼저 해보면 어떨까?

눈이 못생겨서 쌍꺼플 수술을 해야 된다는 생각을 하기 전에, 먼저 작은 눈이 주는 장점을 자기의 것으로 생각하고 나만의 장점으로 승화시키는 사람은 더 매력적인 사람이 아닐까? 유럽인들은 이런 성형에 대해 그다지 관심이 없다. 지극히 자연스러운데 모두가 다르고 모두가 자기 마음대로이다. 누구누구와 똑같은 사람이 되려는 의식자체가 없다. 나는 나인데 구태여 돈을 들이고 위험한 목숨까지 내 걸면서 남이 되려고 하지 않는다. 예쁘기 때문에 결혼한 사람들은 예쁜 것이 사라지는 순간 함께 살 이유가 사라진다. 그러나 아름다운 마음에 반응을 하는 사람들은 일생을 함께 살아도 아름답다.

신체에 대해서, 가정에 대해서, 자기의 능력에 대해서, 소유에 대해서,

주변 사람들과의 관계에 대해서도 남을 탓하기 이전에 내가 먼저 책임

질 일은 무엇인가?

코칭

내가 먼저 책임 질 것은 무엇인가를 찾아보자.

1. 나의 가정에 대하여 내가 책임질 것은 무엇인가?
2. 나의 배우자에 대하여 책임질 것은 무엇인가?
3. 나의 자녀들에게 내가 책임질 것은 무엇인가?
4. 나의 직업에 대하여 내가 책임질 것은 무엇인가?
5. 나의 건강에 대하여 내가 책임질 것은 무엇인가?
6. 나의 외로움에 대하여 내가 책임질 것은 무엇인가?
7. 나의 인간관계에 대하여 내가 책임질 것은 무엇인가?
8. 나의 가난함에 대하여 내가 책임질 것은 무엇인가?
9. 나의 영성에 대하여 내가 책임질 것은 무엇인가?
10. 나의 인생에 대하여 내가 책임질 것은 무엇인가?

가장 중요한 시간은 지금이고, 가장 소중한 사람은 지금 내 옆에 있는 사람이며,
가장 행복한 일은 지금 내 옆에 있는 사람에게 선행을 베푸는 것이다.
-Leo Tolstoy-

사람을 존중하는 사람

머리와 가슴이야기

사람은 크게 보면 두 종류다.

머리를 쓰는 사람과 가슴을 쓰는 사람이다.

머리를 쓰는 사람은 지식이 많고

가슴을 쓰는 사람은 사랑이 많다.

머리를 쓰는 사람들은 다분히 선악과 신드롬이 있다.

지혜와 지식을 좋아하니까 항상 생각을 한다.

가슴도 생각을 하지만 그곳은 신의 생각을 담고 있다.

고요해지면 비로소 열리는 곳이 가슴이다.

선악과 신드롬은 뱀처럼 교묘함과 거짓을 동반한다.

역사는 피드백이다.
우리가 역사를 배우는 이유는
동일한 실수를 반복하지 않기 위해서다.

망하는 이들은 역사에서 망한 나라나 기업들의
교훈을 배우지 않는다.
과거 역사에 무지하니 시대의 흐름을 못 읽고,
현실을 모르니 미래를 예측하지 못하는 것이다.
기업들의 흥망성쇠는 한순간이다.

현대 기업들의 1세대 경영 이념은 이익 창출이다.
그 때의 에너지는 석탄이었고 네트워크는 증기기관이었다.
물건을 만들어 증기기관인 기차나 선박을 통해
세계에 팔았던 사람들이 부를 쥐기 시작했고
이때부터 권력의 힘이 정치인들에서
상인들로 옮겨가기 시작했다.

곧 이어 불어 닥친 과학 혁명들은

2차 산업혁명을 가속화시켰다.

2차 산업시대의 에너지는 석탄에서 석유로,

네트워크는 증기에서 전기로 바뀌었다.

돈에 민감한 기업들은 기업의 이익이 물건이 아니라

소비자에게서 비롯되는 것임을 깨닫고

고객만족, 고객감동, 찾아가는 서비스를 시작하였다.

이것이 2세대 기업들의 이념이 되었다.

지금은 3차산업시대에서 정보통신융합으로 이루어지는 인공지능의

4차 산업으로 가는 시대이다.

에너지는 여전히 석유를 사용한다.

그러나 네트워크에서 큰 변화가 왔다.

그것이 인류 최대의 혁명인 통신혁명 인터넷이다.

인터넷은 수평 구조를 바탕으로 만들어져 있다.

'너나 나나 똑같다'는 것이다.

3세대 기업이념은 직원 행복이다.

고객 만족만이 아니다.

고객을 만족시키기 위해 일선에서 고객을 대해야 하는 직원들이

행복해야 더 많은 성과가 창출되는 것을 지도자들은 알고 있다.

오만한 기업의 지도자들은

자신과 직원은 동등한 존재라는

수평적 권력의 시대적 흐름을 모르고 있다.

그래서 수평 권력의 힘인 인터넷으로

정신 못 차리게 두드려 맞는다.

수직적 지배 사고가 강한 쇠 같은 사람들은

자아가 교만하고 남의 말을 듣지 않으니 매를 맞는다.

인생의 고통은 사람을 사람답게 하는 방법이다.

자아가 강한 사람들은 대부분 세 곳에서 두드려 맞는다.

인간관계, 돈, 건강이다.

인간관계는 배신당하는 것이고,

돈은 실패를 겪는 것이고,

건강은 병이 오는 것이다.

그나마 이렇게 맞고서라도 깨닫고 변한다면

그는 큰 사람이다.

사람들은 맞으면서도 그게 매인지도 모른다.

그냥 재수 없어 당하는 것이라고 생각한다.

그것이 어리석음이다.
쇠로부터 생기는 녹이
쇠를 삼키는 것이다.

진짜 똑똑한 사람은 자아가 부드러우며
머리로 살지 않는다.
그들은 계산하지 않는다.
그들은 인생을 안다.
인색하지 않고 넉넉하며 무엇이 중요한 줄 안다.
그냥 뜨거운 가슴으로 주변사람들을
따뜻하게 해 줄 뿐이다.
이렇게 사는 것이 죽을 때 웃을 수 있음을 알기 때문이다.

우리 애들이 이 나라에서 무얼 보고 자랄까?

1979년에 코미디언 이주일은 참 안 생긴 얼굴로
갑자기 세상에 나타나서
"뭔가를 보여주겠다!"고 우리를 즐겁게 했다.

지금 우리는 애들에게 뭘 보여줄 것이 없다.
이제라도 머리를 굴리지 말고 가슴으로 살자.

손해를 보더라도 진실했으면 좋겠다.

이제는 믿을 것이 없다.

남은 것은 신밖에 없다.

신을 어디에서 만나야하나?

신은 우리의 머리로 오시지 않고

가슴 속에서 만나 주신다.

가슴엔 똑똑한 지혜도 해박한 지식도 없다.

그냥 눈물 섞인 불쌍한 사랑만 있다.

사랑은 존중이다. 사람은 잘난 사람 못난 사람, 구분할 것 없이 가만히 들여다보면 대부분 불쌍한 사람들이 많다. 악인은 악하게 사는 것이 불쌍하고 착한 사람은 착한 사람대로 불쌍하다.

서로 존중하면 사랑은 절로 되는데 존중하지 않으니까 사랑하기가 힘든 것이다.

왜 존중하지 못할까?

상대가 밉고 상대가 내 마음에 들지 않기 때문이다.

왜 미울까? 더 깊이 들여다보면 나에게 손해를 끼치기 때문에 밉고,

나를 무시하기 때문에 마음에 들지 않는 것이다.

나에게 유익을 주고 나에게 기쁨을 주고,

나를 귀하게 여기는 사람은 나도 그를 존중한다.

✽✽✽

한번은 모 방송국에서 부부코칭을 의뢰해서 가정을 찾아갔다.

이 부부는 이미 사랑과 신뢰가 무너진 부부였고, 자녀들은 아빠를 인정하지 않고 아빠는 자신을 인정해주는 다른 사람에게 마음이 빼앗겨있다. 가족은 전체가 불안하고 우울하다. 월급은 용역으로 일해서 110만원 벌어 전부 부인에게 주고 오만 원 용돈도 못 타 쓰는 남편이다. 모든 식구들을 보니 마음이 너무 아프다. 이 가정을 어떻게 코칭 해야 할까? 어떻게 해야 관계가 회복될까? 방송국에서는 드라마틱한 해결을 원하지만 사람이란 존재가 그렇게 단시간 내에 문제가 풀어지고 울다가 헤헤거리고 웃을 수 있는 존재들이 아니다. 그 가정을 방문한 뒤에 집에 들어가지 못하고 동네 저수지에 앉아서 몇 시간 동안 그 가정을 놓고 고민했다. 가난해도 열심히 행복하게 살아가는 가정들도 많은데, 이 가정은 가난한데다 서로 신뢰까지 없고 무엇보다 아이들이 불쌍해서 견딜 수가 없었다. 꿈도 사라졌다. 신뢰도 무너졌다.어느 한쪽이라도 상대에게 사랑과 관심을 가지면 회복의 불이 켜질 수 있는데 신뢰와 사랑을 어떻게 회복할 수 있을까? 사랑은 좋은 것을 볼 때 만들어지고,행복은 만족할 때 오는데 어떻게 사랑의 관심을 갖게 할까?

이 가정의 행복을 어떻게 회복시킬 수 있을까? 남편과 아내 중 누구라도 먼저 내가 '미안하다, 내가 잘못했다' 말할 수 있을까! 만일 이 가정이 부자였다면 이런 문제들이 만들어졌을까? 남편이 돈을 많이 벌어왔다면 어떻게 되었을까?

부인은 돈 때문에 고생 안한다면 이 문제가 사라질까?

돈 걱정부터 없애 놓으면 남는 것은 무엇일까? 옛날에는 가난해도 서로 믿고 행복했는데. 남녀 관계에 대한 의심,

이 부분에서 신뢰가 깨졌다. 이것을 해결하려면 어떻게 매듭을 풀어나 가야 할까? 결론은 서로에 대한 인식을 새로 해야 한다는 데에 이르렀고

그렇다면 서로가 서로에게 얼마나 소중한 사람인 줄 깨닫게 해주어 야 하겠다고 생각하고 몇 가지를 적어보았다.

가정을 회복시키기 위한 저수지에서 만든 해법들

1. 상대의 좋은 점을 서로 기록하게 하고 혹은 말하게 하기.
2. 남편이 어떤 여자를 만났으면 행복하게 살 수 있있을까? 이 내는 어떤 남자를 만났어야 했을까? 서로 말해보기
3. 신뢰의 회복을 위해서 부부간에 지극히 작은 것 하나라도 서로 약속하고 실천할 수 있는 것이 있다면 무엇일까? 노동 하고 들어오는 남편과 아버지에 대해 식구들이 모두 일어서 서 "수고하셨습니다!" 말하고 남편도 아내에게 당신도 여성 의 몸으로 오늘 애 많이 썼어요. 손잡고 포옹해 주기 가장의 권위를 회복시켜줘야 가정이 화목하다. 남편은 아내의 인정 에 대한(삭제) 사랑과 관심에 대한 욕구를 충족시켜 줘야 한 다. 경제적인 부분은 서로 열심히 일하고, 서로 작은 것에 만 족하고 위로하면 결코 큰 문제가 아니다. 권위와 인정에 대 한 문제가 먼저 풀어져야 이 가정은 신뢰가 회복된다.
4. 하루 한 개씩 서로 위로해 주기, 혹은 칭찬해 주기
5. 미안한 부분은 즉석에서 사과 표현하기
6. 따뜻한 말과 서로 존대어 사용하기

✳ ✳ ✳

이런 방안들을 만들며 한국의 무너져 가는 가정들에 대한 생각들로 저수지에서 밤샘을 하며 그 가정을 위해 간절히 기도했다.

그 다음 날 방송 녹화를 위해 다시 그 집에 방문하였는데, 기도 덕분인지 남편이 아내에게 진정 어린 사과를 하고 아이들은 아빠라는 이름을 부르며 품에 안길 때 우는 아버지의 모습을 보고 돌아왔다.

물론 이 가정이 앞으로도 지속적으로 행복하게 살 것이라는 신념은 없다. 앞으로도 다른 문제들로 불행할 수 있겠지만, 잠시라도 '훗날 자녀들에게 인생이 이렇게 하면 행복할 수 있구나'라는 경험을 준 것만 가지고도 행복했다.

존중의 품성은 명품 인간의 핵심이다. 누구든 사람을 존중하는 사람들은 어린아이에게도 함부로 하지 않는다. 아이들에게도 존대어를 사용하고 도로의 실수하는 운전자에게도 함부로 대하지 않는다. 그냥 스쳐지나가는 모든 사람에게 지극한 존경과 존중의 자세로 대한다.

기업에서 팔로워십에 대해서 강의를 할 때에 '훌륭한 리더는 훌륭한 부하가 만든다.'고 가르친다. 그러나 대부분의 부하들은 상사가 두렵다. 여전히 부담스럽고 '가까이 하기엔 너무 먼 당신'이다. 그러나 부하들도 상사를 복종과 권위의 상징으로만 대하지 말고, 나와 동일한 한 인간으로 대하면 그에 대한 새로운 시각이 열린다. 팔로워십에 대한 여러 가지 대표적인 인물이 많이 있지만 나는 공자와 예수 그리스도를 최고의 팔로워로 뽑고 싶다.

공자는 어느 나라를 가든지 그 나라 영토에 들어서는 순간 땅에 엎드려 절을 하고, 왕궁에 들어서기 전에도 땅에 엎드려 임금에게 큰 절을 올린다. 이것이 공자가 말하는 예다.

한번은 공자가 노나라 대사구 시절 태묘가 있는 사당에 들어가고자 하였다. 그는 태묘 관리인들에게 물었다. "오른쪽으로 가야하오? 왼쪽으로 가야하오? 간다면 몇 걸음을 걸어야 하오?" 계속 물었더니 공무원들이 "저 추인의 아들이 (추인은 공자의 아버지로서 추나라에서 벼슬을 했기 때문에 약간 경멸스러운 태도로 불림 받던 이름)계속 저리 물으니, 저 사람이 법무부 장관이 맞나?"고 했다. 그 때 공자는 "예란 묻는 것이 에나"라고 말하였다.

예란 나라마다, 사람마다, 시대마다 다르기 때문에, 그 때에 그 상황에 그 사람에게 가장 잘 맞는 예가 무엇인지를 찾고, 모르면 물어서라도 상대방을 존중하는 법도를 배우는 것이다.

이러한 공자의 도를 잘 배워서 정치에 사용한 사람이 유비이다.

그는 한 황조 황실의 후손이지만 빈천한 몰락 황실의 후예로서 짚신이나 돗자리를 만들어 팔던 사람이다. 그는 가진 것 없고 주변에 변변한 인맥조차도 없던 사람이었다. 그러나 그는 공자에게서 배운 예를 마음 깊이 간직하고 만나는 사람마다 인과 예로 대했다. 가난한 백성들을 무시하지 않고, 사랑하고 정치의 근본을 백성 사랑에 두었다. 요즘 식으로 하면 대단한 SNS를 활용한 셈이다. 망해가는 한나라에 동탁과 같은 포악한 인물, 조조와 같은 간웅들이 천하를 다스릴 때에도 그는 오직 인과 의를 자신의 예로 삼았다. 그의 인자함과 백성 사랑에 대한 어진 군주 소문은 입에서 입으로 온 천하에 널리 퍼져나갔고, 그는 당대 최고의 기재인 제갈량을 얻어 천하의 삼분의 일을 다스리는 사람이 되었다. 그는 만나는 사람마다 인사를 잘한다. 나이가 많던 어리던 극상의 존칭어를 사용하며 허리를 조아린다. 사람들은 가면이고 가식이라고 비웃지만 백성들에게 새겨지는 인상은 남달랐던 것이다.

이러한 패턴을 제일 잘 모방한 사람이 중공의 창시자인 마오쩌뚱이다. 그는 장개석 국민당 군에게 밀려 천리 길을 도망 다니면서도 쌀 한 톨 훔치지 아니하며 농민들을 도와주어 중국 국민의 90%가 넘는 농민들의 마음을 얻었다. 장개석 정부는 오직 마오쩌뚱을 몰아내면 승리한다는 생각만 있었지, 그들이 도망 다니며 만들어가는 천하의 민심에는 관심을 갖지 않았다. 그 결과로 중국은 공산주의 이론도 모르는 농민들로 인하여 공산화가 되어버린 것이다.

사람을 존중하는 사람은 천하를 얻는다. 지금도 중국 사람들은 후덕한 품성을 가장 귀하게 여긴다. 후덕함은 덕이 두텁다는 말이다. 덕이 두텁다는 말은 인품이 경박스럽지 아니하며 사람을 사랑하고 존중함을 말한다.

오늘의 중국인 리더들은 존귀한 사람들의 여덟 항목을 말할 때,

그리고 마지막은 견지로서 인내심을 가진 사람을 말한다. 중국인들과 사업이나 인간관계를 맺을 때 우리처럼 빨리 만나고 빨리 끝나지 않는다. 만나는 듯 하며 소식도 없고, 헤어진 듯 하며 연락이 온다.

성격 급한 한국 사람들로서는 쉽게 감당되는 사람늘이 아니나. 인내가 왜 중요한지를 알려주는 대목이다. 중국인들이 제일 좋아하는 한국 바둑 선수가 바로 조용하며 후덕하며 겸손한 이 창호인 것도 이러한 관점에서 기인한다.

바둑도 판을 두텁게 운용하는 사람은 끝으로 갈수록 집이 점점 많아지지만, 판을 얇게 짜는 사람들은 점점 집이 줄어든다. 제비 조 훈현 9단이 자기 제자 돌부처 이 창호를 이기지 못하는 원리는 두터움에 있다. 후덕한 사람들은 자신과 타인을 함부로 대하지 않고 겸손하며 따뜻하고 편안하다. 나이를 먹어 갈수록 만들어가야 할 중요한 명품 인간의 덕목이다. 존중하는 품성을 가진 사람들은 모든 것을 존중한다. 내게 주어진 모든 것들은 내 것이다. 그러나 스쳐지나가는 것들은 내 것이 아니다.

이런 생각을 하고 살면 내 것과 내 것이 아닌 것에 대한 경계가 드러난다.

내게로 오는 것은 내 것이니 존중하면 된다. 그것이 좋든 싫든 상관없이 내 것이다. 그러나 스쳐지나가는 것들은 존중하지 않아도 된다. 내 것이 아니니까, 스쳐 지나가는 사람이 내 것이 아니기 때문에 함부로 하라는 것이 아니라 욕심을 내지 말라는 것이다. 존중은 귀하게 여기는 것이다. 내 것이 아닌 것들을 귀하게 여기면 마음이 무너진다.

옛날 노자는 그의 책 〈도덕경〉에서 임금들에게 경고한다. 얻을 수 없는 물건들을 귀하게 여기지 마라(不貴難得之財貨), 임금들이 귀한 물건들을 아끼고 사랑하면 간신배들이 그 물건 사들고 들어와서 다른 더 큰 것을 뜯어먹기 때문에 경고한 것이다. 임금은 백성의 아비다. 아비면 자식을 가장 귀하게 여겨야 한다. 백성의 아픔은 내 아픔이고 백성의 가난은 내 가난이다. 백성을 수탈하고, 고통을 주고, 한 사람이라도 아프게 했다면 임금은 더 이상 아비가 아니다. 모름지기 대한민국의 임금이라면 대한민국의 땅과 산, 바다와 시냇물과 나무와 풀 한포기 라도 존중해야 한다. 강물을 녹차로 만들어 놓고도 아무 생각 없는 사람들, 그로인해 강 속에선 지금도 수많은 생명체들이 죽어 가는데도 , 바다 속에서 아이들이 차갑게 죽어 가는데도 이 사람들은 존중이라는 가치를 모른다. 아니 아예 그런 가치가 없다.

존중하지 않으니 사라져도 아파하지 않고 깨지고 망가지면 버릴 생

각만 하는 것이다. 존중하는 사람은 존중하는 것들이 마침내 그 사람
을 부자가 되게 만든다.

코칭

여러분이 가장 존중하는 것은 무엇입니까?

1.존중하는 사람은?

2.존중하는 가치는?

3.존중하는 물건은?

4.존중하는 능력은?

5.존중하는 성격은?

6.존중하는 나라는?

7,존중하는 말은?

다섯 번째 명품 인간

남이 나를 좋아하도록 하는 비결은 상대방의 기분을 유쾌하게 해주는 점에 있다.
-Laurence Gould-

상대방의 마음을 공감하는 사람

사람은 자기를 알아주는 사람을 위해 목숨을 바친다.

자기를 알아준다는 것은 자기의 욕구. 속마음. 생각을 읽고 알아주는 것이다. 상대방의 마음을 느끼고 움직임을 알아차리고 그와 함께 해주는 능력을 공감 능력이라고 한다.

상대의 의도와 공감하기

모든 사람은 어떤 형태로든 자신의 욕구나 의도를 드러낸다. 이것을 잘 찾아 해결해 주는 사람이 되면 어떻게 될까? 아마도 자기 마음을 알아주는 사람에게는 많은 사람들이 찾아올 것이다. 지혜로운 노인들은 상대가 무엇을 원하는지 눈빛만 보고도 안다. 오랜 세월을 살다보니 사람들이 진실을 말하지 않고 비언어로 돌려서 말한다는 것을 경험한 것일까?

공감을 잘하려면 먼저 상대방의 말속에 숨어있는 긍정적인 의도를 찾아야 한다. 아무리 말도 안 되는 소리나 들을 만한 가치도 없는 말이라 해도, 가만히 말을 뒤집어 보면 그의 속마음을 읽을 수 있다.

여기에는 두 개의 안경을 가지고 보아야한다.

하나는 긍정이고, 하나는 의도이다. 예를 들어 사형수 한 분이 눈물을 흘리면서 "우리 아들이 아빠가 이런 사람임을 몰랐으면 좋겠다."라고 말을 했을 때 그의 본래의 속마음은 무엇일까?

1. '아들이 나처럼 살지 않았으면 좋겠다.'
2. '나의 행적을 아들에게 감춰주세요.' 이렇게 들었다면 핵심이 빠진 것이다. 아까 두개의 안경으로 보라고 했다. 긍정과 의도라는 안경이다.

이 상황에서 긍정은 무엇일까?
아들을 사랑하는 아빠의 마음이다.

의도는 무엇일까?
아들이 이러한 자기의 사랑을 알아주기를 원하는 것이다. 이 분의 속마음을 문장으로 풀면 이렇게 된다.
그분의 이름을 부르면서' 아!, ○○씨도 아들에게는 많이 사랑했던 아빠로 기억되고 싶었군요!' 이렇게 그가 했던 말의 속뜻을 알아서 그에게 대답해주면 그 때 그 사람은 어떻게 될까? 아마 콧날이 시큰둥해져서 울거나 통곡을 할 것이다.

존재와 공명했기 때문이다. 이것이 공감의 힘이다.

다른 예를 들어 보자.

초등학교 2학년 아이가 학교에서 울면서 집에 들어왔다.

놀란 부모는 "너 왜 그래?" 라고 물었다.

아이는 울면서 "애들이 놀려! 학교 다니기 싫어!"

자, 이 아이와 공감하려면 어떻게 이해하고 어떻게 호응해야할까?

공감 능력이 없는 아빠는 화를 벌컥 내면서 "이 자식아 학교 때려 쳐 인마, 그렇게 약해빠져서 어떻게 이 험한 세상을 살아 가냐? 응?"

이 아빠는 공감 능력이 좋지 않은 사람이다.

이 상황에서 아들의 마음의 긍정 요소는 자퇴가 아니라 친구들과의 좋은 관계이고, 의도는 회복이 되어서 재밌게 학교를 잘 다니고 싶은 것이다. 그러면 어떻게 말해줘야 할까?

한번 여러분의 입으로 말씀해보시라.

가장 좋은 공감의 언어는 "아~ 우리 아들이 친구들하고 잘 어울리면서 학교 생활 잘하고 싶은데, 친구들 때문에 마음이 많이 상했구나,

엄마도 학교 다닐 때 너처럼 친구 때문에 마음 아픈 적이 많았어.

일단 엄마하고 저녁 맛있게 먹고 어떻게 하면 친구들과 재밌게 지내는 방법을 찾아볼까?" 이렇게 말한다면 아이는 어떻게 될까?

가장 소중한 존재가 부모가 될 것이다.

공감이란 그의 마음을 알아주는 것이다.

누군가가 참 사는 것이 힘들다고 말하면 일단은 그대로 따라해 주는 것이 좋다.

"그렇죠, 참 사는 것이 갈수록 더 힘든 것 같아요!"

"요즘 애를 낳아도 병원들과 산후조리업체들이 하도 서비스를 많이 만들어 놓으니까 가난한 사람들은 비교되어 애 낳는 게 겁나기노 해요. 태어나자마자 벌써 흙 수저 물고 나온 것 같아 슬프기도 하고요." 요즘 흔하게 듣는 이야기들이다. 그 때 "맞아요. 애를 낳아도 비교되는 출산부터 비교되는 육아에 너무 어릴 때부터 공부까지 하는 애들이 져야할 짐들이 너무 많은 것 같아요." 이것이 공감이다.

누군가가 "에이, 열 받아 죽겠네." 라고 하면 "야, 참아라, 뭐 인생이 다 그렇지, 넌 뭘 잘한 게 있나, 너를 먼저 돌아봐라" 라고 말하면 불에 기름을 더 붓는 것이다. "속상해서 어쩌나, 에고 참 어떻게 해야 되냐!" 이렇게 말해 줄줄 아는 사람이 공감 능력자이다. 이렇게 사람을 대할 때 사람들에게 나는 함께 있고 싶은 사람으로 기억될 것이다. 시간은 흘러가는 것이 아니라 기억되는 것이기 때문이다.

몇 가지 실습을 더 해보자.

식당에서 밥을 더 먹고 싶은 사람들은 옆의 동료가 아직 밥을 절반도 비우지 않았는데 식사 더 하겠느냐고 묻는다. 이 때 이런 말속에 숨겨진 상대의 의도를 모르는 사람들은 자신의 입장에서 답을 한다. 보나마나 "아, 괜찮다" 혹은 "아니요, 전 이것으로 충분해요"로 답한다. 그러나 정답은 "아, 그렇지 않아도 나도 모처럼 입맛이 도는데 조금 더 할까!" 하면서 밥을 시켜주는 사람이 명품 공감자다. 식후에 "커피 마실래?" 묻는 남자 친구에게 "오빠, 오빤 내가 커피를 먹으면 잠을 못자는 것을 아직도 몰라? 진짜 섭섭하다, 우리 헤어져!" 이렇게 대답하기를 밥 먹듯 하는 여친은 항상 우울하다. 정답은 "아, 오빠, 나도 마침차 한 잔 마시고 싶었는데 그런데 나는 커피를 마시면 잠이 잘 안와서 난 고구마 라떼를 먹을게요." 혹은 커피를 좋아하는 사람들은 "아, 나도 커피가 댕겼는데 오케이, 굿, 내가 가서 타올게!" 이런 사람들이 상대의 숨은 의도를 잘 아는 사람들이다. 실상 상대의 의도를 아는 것은 쉬운 일이 아니다. 여기엔 많은 훈련이 필요하다. 의도를 잘 듣고 싶은 사람들을 위해서 한 가지 팁을 드리면 '모든 사람들은 자기의 이야기를 한다.'이다. 우리가 졸업 앨범을 꺼내어 볼 때 누구든지 제일 먼저 찾는 사람은 자기 자신이다. 두 번째가 제일 친한 친구이고, 세 번째가 선생님, 마지막으로 제일 싫은 인간을 찾아보고는 앨범을 닫는다. 항상 사람은 자기의 의도대로 간다. 타인의 의도를 알아차리는 일은 결코 쉬운 일이 아니다. 위대한 전략가일수록 상대방의 의도를 듣는데 훈련이 잘되어 있다. 그들은 상대방 입장에서 생각하고 말하고 듣는다. 그래서 전쟁에서 항상 이긴다. 그런데 많이 지는 사람들은 타인의 입장에서 생각하거나 듣지 않는다. 들어도 자기 식으로 듣기 때문에 상대방의 의도를 모르고, 모르기 때문에 상대방의 마음을 못 얻고, 마음을 못 얻으니 일이 성사되지 않는 것이다. 나더러 덥지 않나? 고 물어보는 것은 그 사람이 내 몸의 온도를 지금 측정한 결과로 아 지금 이 분이 덥겠구나! 해서 묻는 것이 아니라, 자기가 덥기 때문에 그렇게 말하는 것이다. 결국은 듣는 자도 내가 아니라, 그 사람이 되어 들어야 하는 것이다. 항상 기준이 자신이기 때문에 우리는 상대의 이야기를 들을 때 그 사람 속으로 들어가야 진의를 듣게 된다.

실습: 의도 듣는 실습

코칭

아래의 예제에 상대방의 의도를 찾아 말해보기

1. 좀 피곤하지? "   "
2. 좀 배고프지 않아요.? "   "
3. 시원한 것 한잔 드릴까요.? "   "
4. 이럴 때 해외여행 한번 하면 좋겠는데? "   "
5. 좀 춥지 않으세요? "   "
6. 아, 짜증나 죽겠어! "   "
7. 야, 넌 왜 매일 그 모양이냐? "   "

모든 사람은 아무리 나쁜 말을 해도 대부분 그 속에 나름대로 긍정적인 의도가 들어있다. 그러므로 직감적으로 상대의 말을 들을 때 아! 이 사람이 원하는 것이 이거구나! 를 알아차려야 한다. 말 뒤집어보기 훈련을 많이 해서 감각화 될 때까지 실습해야한다. 의외로 쉽지 않다. 그러나 이 정도 상대의 의도를 직감적으로 알아차리는 사람이 되어야 실력이 뒷받침된 품성을 만들 수 있다. 사람만 좋다고 되는 일이 아니다. 사람은 좋지만 실력 없는 사람들이 얼마나 우리사회를 바르지 못하게 만들었는가에 대한 책임도 져야 한다. 품성과 함께 강한 리더십과 사회를 책임지는 의식이 우리사회를 바르게 만들어 가야 한다. 실력 있는 품성 좋은 사람을 만드는 것이 이 책의 목표이다.

상대의 에너지 경청하기

이제부터는 조금 깊은 감정이나 영성에 대한 공감을 배우기로 하자.

깊은 공감이란 내면의 깊은 세계를 느껴보는 것이다. 심리 상담이나 치료를 담당해야 하는 사람들은 상대의 깊은 내면의 상처나 마음의 구조를 들여 다 보지 못하면 치료가 어렵다. 이것은 직관적인 느낌으로 알아차려야 하는 것이다.

명품 인간은 공감도 명품이어야 한다. 앞에서 다룬 경청 방법들은 주로 이성적인 수준에서의 공감 훈련이라면 여기서부터는 상대의 감정이나 속마음, 본인조차도 모르는 진짜 원하는 것들을 읽어내는 능력을 키워내야 한다. 상당히 어렵고 훈련도 많이 해야 하지만 상대의 마음과 감정, 그리고 본인도 모르는 그의 존재가 원하는 것들을 읽어낼 수 있는 사람은 이미 명품이다.

먼저 상대의 감정에 따른 그의 에너지의 변화를 느껴야 한다. 원리는 에너지는 에너지로만 느껴야하는데 있다. 사람은 쉴 새 없이 생각한다. 뇌의 시냅스는 짧은 시간에도 엄청난 정보를 주고받아서 생각을 만들고, 경험을 만들고, 기억을 저장하고, 버리고, 감정 공장으로 보내어 방어하고, 생명을 지켜내고, 혹은 욕구들을 채워주는 등 쉬지 않고 일한다. 정보활동이 많은 사람들은 하루에 최소 8,000개에서 20,000개 정도의 생각들을 지어내는데 지극히 작은 뇌의 활동에서 정보는 성자와 살인마 사이의 간극을 휘젓고 다닌다. 이것을 동양에서는 심기혈정心氣血精이라고 부른다. 하나의 작은 정보가 뇌에서 일어나면 그 정보는 영상을 만들어낸다. 영상은 곧 하나의 사실이 된다. 에너지를 만들기도 하는 생각과 에너지는 이형동질異形同質의 본원적인 것이다. 그래서 예수도 "여인을 보고 음욕을 품은 자는 이미 간음을 한 것이다"라고 하였다. 몸은 간음을 하지 않았지만 머릿속에서는 이미 에너지와 영상으로 경험이 된 것이다. 인성 교육을 받지 않고 자라난 사람들에게서 더 쉽게 범죄가 일어나는 것은 이러한 생각을 삼가하는 훈련을 받지 않았기 때문이다. 우리나라에서 근래에 이르러 이렇듯 극심한 존속 살인부터 각종 극악한 범죄가 일어나는 것도 이런 마음들을 생각하지 않도록, 생각 속에서 일어나는 마음들을 통제하고, 타인을 존중하고 배려하는 기초 교육의 부재에서 비롯한 것이다. 국가의 품격이라고 불리는 국격도 국민적 다수가 이런 통제와 절제하는 능력들을 점할 때에 높아지는 것이다.

제일 먼저 바르게 서야 할 곳이 종교이다. 종교宗教는 가르침의 마루(꼭대기)라는 뜻이다. 종교보다 더 깊고 높은 가르침을 주는 것은 없다. 성경이나 불경 혹은 유교 경전들은 지금부터 최소 2,000년 전에 만들어진 책들이다. 이렇게 현대 과학이 우주를 넘나들고 화성에 식민지 개척을 하는 이 시점에서도 인류의 의식과 영성은 과거보다 심오하지 않다. 여전히 과학은 경전속의 신비한 세계들을 추구할 것이 너무나 많다. 아인슈타인의 '신비는 과학이 추구해야할 대상'이라는 말처럼 온통 신비덩어리인 경전들 속에 들어있는 위대한 가르침을 우리는 아직도 모른다. 그러나 종교는 결코 인간에게 어려운 가르침을 주지 않는다. 인간이 어떻게 살아야 바르게 사는 것임을 쉽게 가르친다. 그리고 시간에서 영원으로 가는 길을 보여준다. 그러나 현대인들은 '개똥밭에 굴러도 이승이 좋다'는 말처럼 시간에 살면서 영원을 그리워하지 않는다. 영혼이 속에서 영원을 갈구하는 소리를 질러대는데도 여전히 우리는 보이는 소유들과 비교 우위적인 가치관에 허덕이며 잘 먹고 잘살기 위해 애써 영원을 찾지 않는다.

그 많은 사람들이 종교적인 요식 행위들을 하지만 진정으로 영원을 원하는지 알 수 없다. 아마 영원을 원한다면 관심이 영원에 가 있을 것이고, 영원에 관심이 가 있다면 그렇게 여기에서 허덕이며 일류 대학을 가고 일류 회사에 취직을 하고 돈을 많이 벌어 주위사람들이 부러워하는 사람들이 되어보려고 하지 않을 것이다. 종교가 바른 것을 말하지 않으면, 그 시대를 살아야 할 철학이 없게 된다. 철학이 없으면 철학을 바탕으로 만들어야 할 시대사조에 따른 문학이 나오지 않는다. 문학이 없으면 영화나 대중음악, 연극이나, 만화, 게임과 같은 것에서도 방향성이 상실되기 때문에 그 때부터 육체적인 감각만 채워주는 저질 문화가 주류가 되고 그 영향은 그것을 고스란히 보고 듣고 자라는 청소년들이 받게 되고 생각과 통제력이 약한 그들은 곧 바로 어릴 때부터 자기 통제라는 품성을 갖지 못한 채로 성인이 되어 간다. 뒤늦게 누구를 탓할 수 없다. 국가 자체가 이렇게 시스템화 되어 있는 것이다. 종교가 제일 먼저 정신 차려야 한다.

검소하고 겸손하며 영적이며 도덕성에 우위를 점하고 있어야 한다.

자본주의 종교가 되면 안 된다. 종교 리더들은 CEO가 아니다.

그냥 진리를 선포하고 스스로가 지켜내는 사람들이어야 한다.

이 일을 몇 천년동안 꾸준히 해 내는 것뿐이다. 종교가 바르게 서 있다는 이야기는 종교인들이 바르게 서 있으라는 이야기이다.

종교는 원래 바르다. 종교를 통해서 권력의 장난질과 부귀영화를 누리려는 사람들이 문제인 것이다. 섬김의 원래 자리로 돌아가야 한다. 이것뿐이다. 사랑하고 섬기고 베풀고 나누다가 가는 것이 종교인들이 할 일이다. 대한민국이 다 썩어나가도 종교는 마지막 영적인, 정신적인, 도덕적인 보루여야 한다. 그래야 대한민국이 살아남을 수 있다. 인류 역사상 부귀영화를 누렸던 모든 민족들은 다 망했다. 그러나 가난해도 종교성이 강한 민족과 국가는 살아남았다. 부자가 되어 사는 게 목적이 아니다. 죽을 때 후회하지 않도록 숭고한 삶을 살고 죽어서 영원한 곳에 가는 것이 진정한 명품 인간이다.

이러한 영성을 갖기 위해서 필수적으로 해야 할 것이 자신과 상대의 마음의 에너지의 움직임과 공감할 수 있어야 한다. 이것이 신과 동행하는 첫 번째 걸음이다. 에너지의 움직임을 알기 위해서 첫째는 자신의 마음이 조용해야 한다. 내 마음이 온갖 판단과 추측으로 가득 차 있으면 듣지 못하고 느끼지 못한다. 마음이 조용하려면 생각을 내려놓고 고요한 상태로 들어가는 훈련을 해야 한다. 아무 때나 원할 때마다 생각이 멈추고 고요함으로 가려면 생각을 멈추고 텅 빈 아무것도 없는 생각 없음의 상태에 머물 수 있어야 한다.

생각이 멈추면 마음도 고요해진다. 조용하면 들리지 않던 소리가 들리듯, 마음의 씀이 고요해지면 작은 마음의 움직임도 볼 수 있다. 나뿐 아니라 타인의 마음의 에너지의 움직임도 볼 수 있다. 떠오르는 잡념을 따라가지 말고 그냥 떠오르는 것들을 책 넘기듯이 넘기면 된다. 생각은 머물기 위해 오는 것이 아니다. 지나가려고 오는 것이다. 대부분 훌륭한 품성을 가진 사람들일수록 부질없는 생각에 따라 다니지 않는다. 오히려 깊은 물처럼 고요하다. 사람의 마음도 품격이 있다. 이런 고요함으로 오랜 세월을 살다보면 타인의 마음의 움직임도 다 보인다. 그래서 그들에게 바른 길을 보여줄 수 있다.

신약성경에 보면 예수가 시몬이라는 사람의 집에 들어갔는데, 그 때 마리아라는 한 여인이 아주 비싼 향유를 예수의 발에 부으며 자신의 머리카락으로 발을 씻어드리는 사건이 생겼다. 모두가 이러한 갑작스런 행동에 아무 말도 못했지만 이 여인이 그 동네에서 죄를 많이 지은 여자라는 것을 모두 알고 있었다. 발을 씻어드리는 향유의 향이 온 집안에 가득하고 예수는 기쁜 마음으로 행복하고 즐거워하였다. 발을 씻어드리는 여인과 씻김을 당하는 예수는 아무런 말이 없다. 예수께서는 이 여인의 마음을 알고 하나님의 사랑으로 더 비싼 향유보다 더 큰 사랑을 줄 뿐이다. 그 때 갑자기 예수는 집 주인 시몬을 꾸짖는다. "너는 어찌하여 이 여인이 이런 일을 한 것을 못마땅하게 생각하느냐? 밖에 나가면 금방 더러워질 발에 삼백만 원도 넘는 이 비싼 향유를 내 발에 부은 것이 안타까워서 그러냐? 너는 내가 너의 집에 들어왔을 때 발 씻을 물조차 주지 않았는데, 이 여인은 이 비싼 향유로 내 발을 씻으며 입 맞추기를 쉬지 아니하였다. 죄가 많은 곳에 사랑도 많은 법이다. 마음은 그렇게 쓰는 것이 아니다" 이렇게 타인의 마음 속 깊은 곳에서 일어나는 부정적인 에너지만 느끼는 것이 아니다. 한 번은 길을 걷는데 12년 동안을 일종의 자궁근종을 앓는 여인이 무리 속에 슬그머니 끼어 예수의 뒤쪽까지 접근해서 그의 옷자락을 만졌다. 이 여인은 자궁에 이상한 뜨거운 불같은 것이 들어와 자기의 근종이 사라진 것을 알았다. 그 때 갑자기 예수는 주위를 돌아보며 "누가 내 몸에 손을 대었느냐?" 제자들은 스승이 무슨 말을 하는지 알지 못한다. 한 제자가 "선생님 사람이 이렇게 많은데, 옷에 손이 닿는 것은 아무것도 아닙니다. 밀치고 난리도 아닙니다." 그 때 예수는 "아니다, 내 몸에서 능력이 나갔다." 이것이 무슨 말인가? 자신의 에너지와 주변 사람들의 마음의 에너지의 변화를 모두 느끼고 안다는 것이다. 자기의 몸에서 능력이 나가는 것을 알았다는 것은 자기의 몸의 에너지의 변화와 움직임을 다 보고 있다는 것이다.

옛날 이스라엘에 엘리사라는 위대한 선지지가 살았다. 엘리사는 엄청난 능력을 행하는 사람이었다. 노인 가정에 아들을 낳게 하기도 하고 죽은 아들을 살리기도 한다. 우물물을 생수로 바꾸기도 하고 숲 속의 곰들도 그의 명령에 따른다. 한 번은 그의 집에 사는 옆 나라의 국방 장관이 문둥병이 걸려서 엘리사에게 고침을 받으러 왔다. 엘리사는 얼굴도 내밀지도 않고 오던 길 옆에 있던 요단강물에 들어가서 일곱 번 씻고 가라고 한다. 이 장군의 이름은 나아만이다. 엘리사의 말처럼 일곱 번 씻었더니 정말로 깨끗해졌다. 나아만은 너무 감사하여 가지고 온 은과 금, 외투 등을 선물로 바치려 하였지만 엘리사는 단 한 개도 받지 않는다. 그는 대신 기념으로 한 삼태기의 흙은 가지고 간다. 이 광경을 목격한 엘리사의 종인 게하시는 저 아까운 것을 그냥 보내는 선생이 답답했다. 그는 나아만 일행을 뒤 따라가 거짓말을 했다. " 저, 우리 선생님이 조금만 달라고 하시네요." 나아만은 게하시에게 은금과 옷들을 주었다. 게하시는 그것들을 자기의 집 땅 속에 숨겨 놓았다. 그 때 엘리사가 그를 부른다. "너 왜 그들에게서 물건을 받았느냐?" " 저 안 받았는대요" 그 때 엘리사는 이렇게 말한다. "이 놈아, 네가 그들에게서 물건을 받을 때에 내 영혼이 감각되지 않았더냐?" 이것이 에너지의 변화들을 느끼는 에너지 경청의 표본이다. 영혼이 감각되는 사람은 책방에 가서 의식 높은 책들을 만지면 책이 뜨겁다. 그러나 머릿속이 복잡하고 더러운 것으로 꽉 찬 사람은 그 사람 옆에서 있기만 해도 그 사람의 탁한 것들이 느껴진다.

깊은 공감이란 자신과 타인의 마음의 변화와 에너지의 흐름까지도 감각적으로 아는 것이다. 어려울까? 그렇지 않다. 누구나 다 갖고 있다. 단지 닫혀있고 관심이 없을 뿐이다.

고요하면 모든 움직이는 마음들과 생명들의 에너지를 들을 수 있다.

이 사람이 에너지를 느끼는 명품 공감 능력자다.

마음을 고요하게 만들고 하늘로부터 오는 소리에 귀를 기울여라.

매일 하다보면 언젠가 내 안에서 느낌으로 오는 세계들을 알게 될 것이다.

코칭

다음은 공감능력을 키우는 사분면 코칭법이다.
다음의 네 항목에 답을 기록해보자.
내 자녀, 배우자, 친구 등 가까운 사람들의 이름을 적고 그들이
1.열정/좋아하는 것(　,　,　)
2.능력/잘하는 것　(　,　,　)
3.꿈/하고 싶은 것　(　,　,　)
4.가치/가장 귀한 것(　,　,　)

이 네 항목에 하나씩 답을 기록하고 상대방에게도 자기의 것을 기록하게 만든 후 서로 비교해보면 그들이 무엇을 원하는지 알게 되면서 공감능력이 향상된다.

상대가 마음이 아프다고 하면 그의 아픈 것을 보고, 힘들다고 하면 그의 힘든 것을 보고, 외롭다고 하면 그의 외로운 것을 볼 줄 아는 마음이 공감이다.

유체 이탈하는 것처럼 타인의 생각 속으로 들어가 그의 마음을 읽어보는 훈련을 통해서 사람들의 벗이 되어주면 얼마나 좋을까?

"속도를 줄이고 인생을 즐겨라. 너무 빨리 가다보면 놓치는 것은 주위 경관뿐이 아니다.
어디로 왜 가는지도 모르게 된다.
-Eddie Cantor-

스트레스 처리에 달인인 사람

사람마다 스트레스를 처리하는 방법이 다르지만 어떻게든 현대인들은 이놈의 스트레스처리 방법을 체득해야 한다.

현대인의 대표적인 정신적 질환인 스트레스를 처리하는 기법들이 스트레스만큼이나 많이 개발되었다. 그러나 아직도 상당수의 사람들은 스트레스를 술이나 담배 혹은 음식이나 분노 폭발로 풀고 있다.

스트레스를 잘 푸는 사람과 어떻게 처리할 줄 몰라서 그냥 당하기만 하는 사람들은 세월이 갈수록 건강과 행복의 간극이 벌어진다.

그들은 일의 스트레스를 사람에게 푼다.

상대가 고통당하는 것을 보아야 속이 풀리는 사람들도 은근히 많다.

이들이 만드는 스트레스는 주변 사람들에게 두려움, 불안, 공포심으로 심혈관계 질병이나 소화기관 전체에 악영향을 미친다.

이들은 일이 잘 되어야 스트레스가 풀린다.

본인들은 일에서 받은 스트레스를 다른 사람들에게 전가하지 말아야 한다. 특히 바깥일의 스트레스를 가족들에게 쏟아 붓는 어리석음은 가족들에게 더 많은 역 스트레스를 주고 그것은 그대로 자신에게 돌아오게 된다. 밖에서 일이 원하는 만큼 안 풀려 스트레스가 쌓였을 때에는 밖에서 다 풀고 들어오는 습관을 길러야한다.

스트레스처리 7운동 요법

1. Vortex운동 | 양팔을 기지개 피듯이 배영 자세로 밖으로 열 번 회전한다. 이것을 물리학에서 Vortex운동이라고 하는데 좌선형 회전이 에너지를 푸는 방향이다.나사를 풀 때도 왼쪽으로 돌리면 풀리고 오른쪽으로 돌리면 잠기는 이치와 똑같다.

양팔을 안쪽으로 돌리면 에너지가 쌓여 힘이 강해진다. 중국무술 태극권의 어깨와 팔 회전방향은 팔을 안으로 회전시키며 에너지를 축적한다. 반대로 양팔을 밖으로 회전을 주면 에너지가 방출되어 힘이 풀린다.

수영도 배영은 몸은 뒤로 가고 오래 하면 힘이 소진된다.그러나 팔을 안으로 휘젓는 자유형은 몸은 앞으로 가고 상당한 거리를 에너지를 만들면서 수영할 수 있다. 토네이도의 회전 방향은 왼쪽으로 돌아 흐트러버리고,생명의 유전자의 DNA사슬은 우측으로 꼬여 생명을 만드는 것이 만물의 에너지 회전원리이다.

이것이 보텍스vortex 운동인데 빅터 샤우버거박사의 저서〈살아있는 에너지〉의 자연 원리에서 상당부분 밝혀졌다. 소라나 고둥, 솔방울이나, 고대 화석 암모니아, 첨성대나, 지구라트, 옥수수나 개울가의 소용돌이 양각나팔의 여리고성을 흔들어 놓는 파동이나 무수한 자연의 원리 속에 에너지는 회전하는 방향으로 축적되기도 하고 풀리기도 하는 것을 알 수 있다. 인체 내에 쌓이는 분노나 원망, 미움이나 억울함과 같은 좋지 않은 감정 요소들은 이러한 에너지 흐름의 체계를 망가뜨린다. 그 때마다 양팔을 밖으로 회전시켜서 호흡과 함께 풀어내고, 맑아진 몸 안으로 양팔을 안으로 돌리며 새로운 공기를 호흡하면 새 마음을 만들어 낼 수 있다. 몸과 마음은 한 덩어리다. 마음이 새로워짐으로 병도 고치지만, 병이 고쳐짐으로 마음도 새롭게 되는 것이다.

팔씨름 할 때도 팔을 안쪽으로 여러 번 돌리고 시합하면 엄청난 힘을 느끼게 된다.

반대로 좌측 방향으로 팔을 돌려주면 힘이 풀리며 열이 내려간다. 인체의 심장부는 열을 만드는 공장인데 아래로 열이 내려가지 않으면, 막힌 하수구가 역류하듯이 열이 위로 올라와 얼굴이 늘 붉게 되고 말이나 행동이 빨라지게 되고 솟구치는 열을 조절 못해 스트레스가 화로 분출된다. 성격이 급한 사람들이 이런 종류의 스트레스가 많기 때문에 꼭 기지개 펴는 팔 회전 운동을 많이 해서 막힌 가슴의 임맥을 열어야 한다. 그 때 자연스럽게 열린 가슴라인의 임맥으로 열이 내려가서 몸이 시원해지고 마음도 풀린다. 반대로 기운이 없어서 짜증을 많이 내는 사람들은 양팔을 중국 태극권 하듯이 자유형 수영자세로 팔을 안으로 회전시켜 주면 힘이 단전에 쌓여 스트레스를 이기는 에너지를 만들어 준다.

2. 좌측라인으로 걷기 | 스트레스가 많을 때에는 생각하기보다 주로 걷는 것이 좋다.

걷는 방향도 좌측라인 코스로 산책하면 빨리 스트레스가 풀린다.

3. 두드리기 요법(EFT) | 우리 인체에는 나쁜 감정이나 몸의 탁한 에너지들이 모여서 사는 곳들이 있다. 그래서 스트레스를 받으면 자기 몸 안에 특별한 곳에 통증이나 부담을 느끼게 된다. 그 자리들이 고장 난 차들을 모아놓은 자리이다. 그 차들이 길을 막고 있기 때문에 다른 차들이 못가서 여러 가지 심혈관, 신경계통의 질병들을 양산해 내는 것이다. 우리 조상들은 열 받으면 가슴을 두드리면서 팔자타령을 했다, 부딪혀 아프면 손으로 비볐다. 그러면서 자연 치유를 배웠다. 이런 원시적인 모든 행동들은 인간이 본능적으로 가지고 태어난 자연 치유법의 행적들이다.

"두드려라 열릴 것이다."

게리 크레이그 박사에 의해서 개발된 EFT요법은 동양 의술 중 하나인 침술처럼 인체를 두드려서 자기장을 발생시켜 막힌 에너지 장을 뚫

고, 혈류를 원활하게 흐르도록 돕는 최신 기법인데 이제는 많이 알려져
사용되고 있다.

원래는 정서적인 항목마다 두드리는 자리들이 달랐는데, 우리나라
한의사들과 EFT전문가들에 의해 종합적으로 15곳만 두드리면 되는
최적의 경로들을 찾아냈다. 놀랍게도 15곳만 두드렸는데도 정서적인
편안함과 통증 완화, 실제적인 질병의 치료를 만들어내었다.

이제 여기서 간단하게 15곳을 두드리는 자리를 소개하니 정서적으로
나 육체적으로나 통증이 있을 때마다 사용하면 감정처리를 잘하는 명
품인간으로 편안한 정서생활을 하게 될 것이다.

1) 정수리

2) 눈썹사이

3) 눈가

4) 눈 밑

5) 코와 입술사이

6) 입술 아래 움푹 들어간 곳

7) 목 아래 쇄골 튀어나온 부분

8) 유두 밑 5cm지점

9) 겨드랑이

10) 엄지(손톱부위)

11) 검지(손톱부위)

12) 중지(손톱부위)

13) 새끼손가락(손톱부위)

14) 당수 할 때 치는 손날

15) 손등의 4-5손가락 관절사이

위의 15포인트를 각 12번씩만 두드리면 스트레스가 풀리고 통증이 완화되며 트라우마가 약해져 마음에 평화를 누리게 된다.

하기 힘든 가족이 있을 때 가족들이 두드려 주면 더 좋다. 그 때 사랑의 마음으로 두드려야 한다.

4. EMDR요법 | 스트레스를 준 대상이나 사건의 내용을 떠올린 채로 눈동자를 크게 좌우 혹은 우좌방향으로 굴려라. 스트레스 정도가 극심한 사람은 눈동자가 안돌아가지만 조금만 해도 금세 돌기 시작한다. 눈을 좌우 혹은 우좌로 굴리다보면 기억이 잘 지워지는 방향이 있다. 그 방향으로 24회 굴려주면 우뇌의 상처를 좌뇌의 논리가 풀어주게 된다. 우뇌는 과거의 상처를 논리도 없이 그냥 아픈 기억으로만 간직하고 있다. 그래서 조절이 안 되면 갑자기 화를 내고 심한 경우는 충동 조절 장애까지 이르게 된다. 그러나 좌뇌는 논리적이고 차분하다. 좌뇌는 우뇌의 아픈 감정 덩어리들이 자기 앞에 오면 차분하게 그 때의 기억 속으로 들어가서 자신의 한 일에 대해 위로해주고 너무 괴로운 기억들을 처리해 준다. 그래서 아픈 기억들을 떠올린 채로 눈을 굴려주면

좌우로 운행하면서 좌뇌에서 상처들에 대한 기억들을 풀어주는 것이다. 쾌락주의 철학자들인 에피큐러스학파의 시조인 에픽테투스는 "지금의 아픔이 우리를 괴롭히는 것이 아니다, 단지 과거의 아픔에 대한 기억이 나를 괴롭히는 것이다."라고 했다.

지금 있지도 않은 기억의 아픔들이 나를 괴롭히는 것이니, 기억을 처리하면 아픔이 사라지게 되는 것이다.

우리 몸은 똑똑하다. 트라우마가 심해도 본인이 이겨내려는 마음만 먹으면, 우리 안에는 아군이 많으니까 충분히 해결된다.

이렇게 눈알을 굴려주는 것이 현존하는 트라우마 처리기법 중 제일 뛰어난 것 같다. 미국의 프랜신샤피로 박사가 우연히 발견한 것인데 지금은 정식 의료 활동으로 많이 사용되는 기법으로 EMDR(Eye Movement Descensitization Reprocessing 안구감각저하재처리요법)이라고 하는데 너무 길어서 그냥 '눈알 굴리기'라고도 부른다.

아주 탁월한 효과가 있으니까 지우고 싶어도 지워지지 않는 아픔이 있는 사람들은 이렇게 처리하는 게 좋다. 상처가 너무 깊은 곳에서 처리 안 되면 우리 뇌는 그 괴로움 때문에 자기 몸이 죽을까봐 훗날 정보를 차단시켜 생명을 보호한다. 이 때 치매나 파킨슨씨병을 만들게 된다.

5. 식이요법과 온수마사지요법 | 신 음식들을 먹어서 수분이 많아지면, 열이 식고 간의 힘이 화를 감당하기 때문에 스트레스 저항력이 강해

진다. 온수 목욕과 아로마 향 마사지를 받는 것도 스트레스를 푸는 좋은 방법이다.

특히 간에 쌓인 독소들 때문에 피부가 가렵고 자주 화가 나며 간은 화를 주관하기 때문에 간의 약화는 분노 조절을 어렵게 한다.

이러한 상황이 지속되면 음식과 환경을 바꿔야 한다.

분노를 조절해 주는 건강 식단

조식은 양배추 먹을 만큼(소화가 안 되는 사람은 삶아서)썰어 접시에 담는다.

현미식초 두 스푼, 신선한 올리브유 두 스푼, 메이플 시럽 한 스푼을 넣고 고루 섞어서 먹는다. 국산 콩으로 만든 두유에 현미 켈로그를 타서 먹는다. 삶은 계란 2개를 먹는다.

중식은 현미를 끓인 누른 밥을 양파나 산나물과 함께 식사한다.

석식은 주로 장류 특히 죽염된장이나 강원도 막장에 양파 한 통과 깨끗한 두부 그리고 목이버섯류를 넣어 함께 끓여내서 식사한다.

수분 공급은 보이차나 현미숭늉을 물이나 커피 대신 사용한다.

그리고 오메가3를 자기 몸의 필요치 만큼 측정 받은 후 섭취토록 한다.

그리고 좋은 유산균를 복용하여 장내에서 소화 흡수에 대한 후원 환경을 만들어 주도록 하면 더욱 좋다.

이러한 식습관 개혁을 3개월만 하면 피가 맑아지고 혈관이 튼튼해지면서 몸의 건강한 에너지들이 스스로 분노를 조절하게 된다. 특히 올리브기름이 체내에 쌓인 다른 기름을 씻어내기 때문에 신선한 올리브유를 사용하기를 권장한다.

6. 화학조미료나 유전자 조작식품 사용하지 말기 | 조미료가 많이 든 다양한 화학 가공류 식품들이나 GMO로 만들어진 식용 튀김들을 자주 섭취하면 면역체계가 교란되어 스트레스를 지속시킨다.

코칭

스트레스를 푸는 코칭질문/기대에서 기여로 스트레스는 그 속에 자신의 기대치가 숨어 있다.

1)나에게 스트레스를 주는 대상에게 내가 무엇을 기대했을까? 찾아본다.

2) 내 속에 숨어 있는 신념이나 똥고집을 찾아본다.

"모든 사람은 항상 나에게 ~해야만 해!"

"모든 일은 항상 ~되어야 만 해!"

3) 모든 사람이 항상 내가 원하는 대로 해주는가?

'그렇지 않다.'

4) 모든 일들이 항상 내가 원하는 대로 되는가?

'그렇지 않다.'

5) 결국 스트레스는 어디서 왔는가?

'내 신념에서……왔다'

6) 무엇을 바꾸어야 할까?

'사람들은 내 기대대로 해주지 않는다.'

'일은 항상 내가 원하는 대로 되지 않는다.'

7) 기대에서 기여로 내가 원하는 바가 이뤄지기 위해서 상대

7개 중에서 자신에게 필요한 한 가지만 골라서 자신의 전용 스트레스 처리기법으로 삼으면 좋겠다. 코치는 모든 자신의 행동에 책임을 질 줄 알아야한다. 스트레스가 없을 수 없지만 어떻게 반응할까는 자기책임이다.

내일 일은 내일 염려하라. 한날의 괴로움은 그날로 족하니라
-Lord Jesus Christ-

초과 수하물을 잘 버리는 사람

지구상에 등장했던 위대한 영적 스승들은 남의 짐은 짊어져도 자신의 짐은 만들지 않았다. 그들은 자신들의 탁월한 지혜로 더 많은 제자들 가르치는데 시간을 사용하였다.

그들은 돈을 모으고 땅을 사거나 주식을 사고, 그릇을 모으거나 물건을 사는데 시간을 사용하지 않았다.

가정도, 회사도, 학교도, 병원, 종교법인 등 어느 하나 만든 것이 없다. 책 한권 쓴 일이 없고, 그림 하나, 흔한 초상화 하나 남긴 것도 없다. 곰곰이 그분들의 삶을 들여다보면 인생의 초과 수하물이 없다. 우리나라 불교계의 좋은 글을 많이 남기셨던 법정 스님이 대중의 사랑을 많이 받은 것은 〈무소유〉나 〈서있는 사람들〉같은 책들로 인해서이다. 그러나 더 사람들에게 감동을 준 것은 소유에 대한 욕망으로 가득한 현대사회에 무소유의 삶을 스스로 살았기 때문이다.

잔잔한 산중생활의 소박함과 검소함, 마지막 죽음 후에도 다시는 '자신의 책을 출간하지 말라'는 충격적인 마무리는 참으로 아름답다. 대가들은 마음을 쓰는 방법이 다르다.

우리나라 가계대출은 2015년 12월 가계대출 잔액이 639조1,000억 원이었다.

전해보다 78조2천억원이 증가했다. 모두 살기가 힘드니까 낮은 이자를 받는 집 담보로 돈을 만들었기 때문이다. 우리는 곰곰이 자기의 삶에 혹시 욕심이나 허세, 소득과 맞지 않는 씀씀이의 구조, 밑 빠진 독에 물을 붓는 것과 같은 삶의 구조를 찾아봐야 한다. 이것이 지지 않아도 될 인생의 초과 수하물이다. 자랑하고 싶은 넓은 집과 명품 세간에 돈 들이지 말고, 가족들의 손길이 묻어있는 정겨운 집을 만들라. 고흐의 복사판 그림보다 내 아이의 그림을 걸어놓으라. 아이를 바로잡으려고 속을 끓이는 것도 감정 초과 수하물이다. 그냥 아이와 함께 있어라. 그러면 내려놓을 것이 보인다.부모님 모시고, 가족과 함께 폼 나게 여행하려고 고급차 할부 붓는 그것도 초과 수하물이다. 부모님 뜨끈한 추어탕 한 그릇 더 사드려라, 부모는 낡은 차를 타고 다녀도 자녀가 돈 때문에 고생 안하는 것을 더 좋아하신다. 애들하고도 동네 학교에서 자전거같이 타고, 좋아하는 롤 게임이나 한판 시원하게 같이하라. 돈도 안 들고 애들하고도 친해진다. 사라고 그렇게 꼬셔대는 등산복도 초과 수하물이다. 비싸게 사 놓고 등산도 안하고 동창회 때 입고 간다. 장롱 안에 옷들은 가득한데 입을 옷 없다는 생각도 초과 수하물이다. 사람들은 그렇게 내가 입은 옷에 관심 없다. 사교형들이나 남의 옷에 관심 둘 뿐. 이 책을 쓰는 동안에 하늘나라로 가신 우리 어머니는 5천원부터 3만원짜리 바자회 명품 옷을 잘도 입고 다니셨다. 그리고 아주 작은 목소리로 '야, 이거 얼만 줄 아냐?'

키낄대시면서 '만원 주고 샀다! 좋지?' 나는 무조건 '"와, 멋있다"고 눈을 까뒤집고 리액션 해드린다. 훔쳐가도 하나도 안 아까운 것들이 마음을 편하게 한다. 음악을 듣지 않고 음질을 들으려는 것도 초과 수화물이다. 오디오 방에는 식구들도 못 들어가고 값비싼 기계들이 늘 불편한 눈빛으로 기계를 모르는 가족들을 노려본다.

그리고 말한다. "Don't touch me!" 머리 안 좋고 노력도 안하는 아이한테 아인슈타인 우유 먹여가면서 천재가 되기를 바라는 것도 초과 수하물이다. 그냥 애나 편하게 살도록 두라. 머리 나쁜 신랑 만나, 공부하기 싫어하는 아내 만나서 애가 그렇게 나왔는데, 자기들이 그렇게 만들어놓고 애들을 잡으면 애들이 뭔 잘못이 있나? 애들에겐 성공과 욕심 많은 부모가 초과 수하물이다. 한 달 월급은 150만원 받으면서 180만원짜리 가방 사들고 다녀야 되는 사람들은 과적사고 난다. 힘을 사랑하며 사는 것도 초과 수하물이다. 힘을 폭력에 사용하지 말고 사랑의 힘을 보여주라. 그리고 가족들을 더 많이 안아주고 주변사람들을 더 많이 사랑해주라. 지키지도 못할 공약을 많이 해놓고 기대했던 사람들에게 실망을 주는 것도 초과 수하물이다. 자기 말에 진실성을 간직하고 신중하게 말은 적게, 내 뱉은 말은 꼭 지키는 사람이 인생을 가볍게 사는 사람이다. 명품 인간들은 마음의 용량이 크기 때문에 자신과 많은 사람들의 문제를 푸는 능력이 있다. 예수는 자신을 위해서 어떤 초과수하물을 만들지 않았다. 자신을 위해서는 초과 수하물을 만들지 않으셨다. 단 하나의 수하물만 있었다면 그것은 오직 제자들이었다. '아직 믿음도 없는데 내가 떠나면 어찌될까? 이들이 복음을 전파하고 감당할 수 있을까?' 훗날 그 제자들은 결국 주님의 수하물에서 인류를 지고 가는 명품 지도자들로 바뀌었다. 지금 잠시 눈을 감고 내 삶에 버려야할 초과 수하물이 무엇인지 차분하게 적어보고 과감하게 내려놓자. 우리는 용량이 큰 리더들이 아니다. 그래서 과적된 수화물들이 더 힘들다. 우리들을 명품 인간들로 살지 못하게 만드는 쓸데없는 수하물들을 과감하게 내려놓고선한 영향력을 발휘하는 곳에만 에너지를 집중하면 좋겠다. 자, 이제 초과된 짐들을 내려놓고 어깨를 툴툴 털어보자.

그리고 진정으로 싣고 가야할 짐들을 다시 찾아 싣자. 그것은 가치의 짐이다. 가치란 그 사람을 움직이는 동력이다. 이를 다시 표현하면 '~을 위하여'다.

진짜 수하물 청소년들을 위하여 우리가 살아갈, 수많은 '~ 위하여'가 있겠지만, 이 시대에 제일 중요한 짐은, '청소년들이 아프지 않고 행복하게 자라기 위하여' 인 것 같다. 그렇게 살려면 어떻게 도와야할까? 우리나라의 1970년대 두 사람의 리더가 있었다. 정치에 박 정희와 종교에 조 용기이다. 그 때 두 사람의 '~위하여'는 오직 잘 사는 것이었다. 40년이 지난 지금 우리는 잘 살게 되었다. 여전히 절대 빈곤층과 상대적 빈곤층도 있지만 그래도 세계적으로 잘사는 나라이다. 그러나 우리 지도자들이 실수한 것이 있다면 꿈 너머 꿈을 생각하지 않았던 것이다. "잘살아 보세!" 모든 국민이 외치고 열심히 일해서 부유한 나라가 되었지만 우리는 행복하지 않다. 부자가 되면 그 부유함을 '~을 위하여', 대학을 나오고 박사가 되면 그 지식을 '~을 위하여', 아시아인들이 우리를 부러워하는 그 힘을 '~을 위하여' 에 넣을 목표가 없었던 것이다. 부자가 되면 그 다음에 뭐할써나?라는 질문에 대한 철하이 없었다. 부자 되려고 부부가 정신없이 일하는 동안 우리 아이들은 전자파로 뒤덮인 컴컴한 방안에서 피 비린내 나는 영상 게임들로, 음란한 쾌락들로 나 아닌 다른 존재가 되어 나는 누구인지, 사랑이 무엇인지, 신이 누구인지, 물음조차 모른 채로 자랐다. 이제 우리는 아이들 대신 부유함을 쫓은 대가를 치루기 시작하고 있다. 60만 군인 중 관심 사병이 20%이다. 군에 있는 우리 자녀들 12만 명이 마음의 상처들을 치료조차 받지 못한 아픈 영혼들이다. 퇴학을 당하거나 자퇴한 초, 중, 고 아이들이 년 간 4.5만 명이다. 2015년 통계를 보면 초등학교 14,555명, 중학교 9,961명, 고등학교 22,554명으로 47,070명이 이러저러한 이유로 학교를 떠났다.

왜 아이들이 학교 밖으로 나와야 할까? 이 아이들 가운데 몇 명이나 부모와 가슴을 열고 이야기를 나누었으며, 이 아이들의 아파서 절규하는 말 없는 말들을 누가 얼마나 들어 주었을까? 나 또한 내 자녀들과 함께 있어줘야 할 소중한 시간들을 이미 놓쳤다. 나의 삶에는 '모든 아이들, 가난한 아이들, 아픈 아이들, 상처받은 아이들, 외로운 아이들, 거절당한 아이들을 위하여'가 없었다. 이제는 어두움 속에 숨어있는 아이들의 꿈을 찾아주고 꿈을 이루도록 돕고 싶다.

그래서 품성학교를 만들어서 200여명의 전문가들과 더불어 아이들을 돕고 싶은데 이것이 그렇게 쉬운 일이 아니다. 국가와 학교와 부모와 사회 전체가 덤벼들어도 쉽사리 해결될 문제가 아니다. 청소년기의 아이들은 벌써 늦어 이 아이들은 깊은 돌봄이 필요하다. 품성교육은 유아기부터 시작해야 한다. 집보다 더 많은 시간을 보내는 어린이집이나 유치원 학교에서 초기 인성의 좋은 기본을 만들어주어야 한다. 정원이 덜 차서 경영이 어렵고, 속상한 일이 많아도, 한 아이라도, 그의 부모에게라도 사랑을 줄 수 있다면 그것으로 나는 행복한 원장이라는 자의식을 갖는 리더들이 되면 좋겠다. 감사한 것은 수많은 교사들이 박봉에도 유치원이나 어린이집에 근무하는 이유 중에 하나가 돈보다도 아이들을 좋아하고 사랑해서 근무하는 사람들이 많은 것을 안다. 힘들어도 아이들 자체를 사랑하고, 많은 사랑과 바른 인성모델을 잘 가르쳐서 뿌리가 튼튼한 인성을 만드는 기초 기관이 되도록 정부에서도 가장 많은 지원을 주어야 한다. 원은 돌봄과 교육이기 때문에 나머지 절

반은 가정에서도 함께 아이들의 건강한 품성을 만들도록 부모교육을
병행해야 한다. 지금이라도 품성화 교육을 시행하지 않으면 지금 누리
는 기름진 식탁들이 모두 사라지고 우리는 역사의 무대에서 잊혀 진 나
라가 될 것이다. 영원한 강국도, 영원한 회사도, 영원한 부자도 없다.
어려서 품성 좋은 명품 교사들이 아이들을 가르치고, 가정에선 아이들
을 사랑하는 의식 높은 명품 부모들이 쓰러져가는 이 나라의 가정과
아이들을 회복시켜야 한다. 아이들의 행복을 위하여 행복코치가 되라.
아이들이란 짐은 결코 무거운 짐이 아니고 초과 수하물이 아니다.

다른 것은 버려도 국가가 마지막까지 지고 가야할 짐은 아이들이다.

아이들은 원래 행복하다. 그래서 그들을 행복하게 만들어주어야 한다.

아이들을 행복하게 해주려면 행복 지능이 높아야 힌다. 부모나 선
생님들이 불평 비난 지능이 높으면 아이들은 불행해 진다. 주변에 행
복 지능이 높은 사람이 없거든 자신이 먼저 행복 발전기를 돌려 행복
의 등불을 켜라. 나 한사람이 즐거워하면 아이들이 행복 해진다. 행복
발전기는 사랑과 감사라는 에너지로만 돌아간다. 없는 것, 틀린 것, 안
된 것을 생각하다보면 불행 발전기가 돌아가 악한 파동을 만든다. 내
게 주어진 시간은 현재이다. 돌아오지 않는 아이들의 어린 시간들을 행
복하게 만들자. 애들을 볼 때마다 입 꼬리를 올려서 웃을 수 없을 때까
지 한 번 더 웃어보자. 사랑할 수 없을 때까지 한 번 더 사랑해보자. 두
려울 때 한 번 더 용기를 내어보자. 이 사람이 아이들을 행복하게 하는
발전기다.

인간이 현명해지는 것은 경험에 의한 것이 아니고 그 경험에 대처하는 능력 때문이다.
-Rene Descartes-

Emotional self control
감정조절 능력이 탁월한 사람

우리나라 사람들은 화를 잘 낸다.

운전 중이나 대화 중에도 폭력이 동반되기까지 한다. 상대가 누구든 상관없이 자기 생각과 다르면 벌써 그는 적이 되어있다. 화를 내는 사람은 타인에게 아픔을 주고, 화를 내지 못하는 사람들은 몸에 병을 키운다. 명품 인간은 감성을 잘 다루고 타인의 감성을 평안하게 만들어 주어야 한다. 그것은 자신과 타인의 감정의 미세한 움직임을 느끼는 데서 부터 시작된다. 상대의 스쳐지나가는 짧은 파동에도 그의 불안을 읽는 촉이 살아있어야 한다. 외향성 사람들은 감정 인식이 둔해서 자신의 감정이나 타인의 감정 변화를 잘 모른다.

그래서 닥치는 대로 화를 내고 아무에게나 소리를 질러댄다. 감정 조절이 안 되는 경우다. 성격이 온순한 내향성 사람들은 어려움이 올 때 어떻게 해야 할 바를 모른다. 조절하는 법을 모르는 경우다. 감정 조절이 안 되는 원인은 존재와의 단절 때문이다. 이들에게 세상은 마틴 부버의 말처럼 존재인 '나와 너'가 아니라, 물질인 '나와 그것'의 관계로 설정되어 있기 때문이다. 존재 대명사인 'You'를 사용하지 않고 물질 대명사 it를 쓸 때 임 병장도, 윤 일병도, 세월호의 희생자들도 존재인 '너'에서 아무렇게나 해도 되는 물질인 '그것'으로 바뀌는 것이다. 사람을 물질로 보기 때문에 아무에게나 화를 내어도 되고 침몰하는 배에서 나만 살아 나와도 되고, 자기 마음에 안 드는 자식이라고 죽을 때까지 때려도 되는 것이다. 우리나라 자살률이 세계1위다. 하부 평균 38~40명이 스스로 목숨을 끊는다. 살기 힘들고, 몸은 아프고, 즐거운 일도 없고 해서 이래저래 죽는다.

오죽하면 죽겠냐고 이해할 수 있지만, 그들에게는 자기를 존재로 보는 마음이 없다. 자기를 포함한 세상을 물질로 보니까 자기 몸에 대해서도 함부로 하는 것이다. 어떤 엄마들은 애들까지 데리고 죽는다. 애들도 자기 마음대로 할 수 있는 물질로 보기 때문이다

물질은 의식 수준이 낮다. 물질은 움직이지 못하고 사고하지 못한다. 물질은 자신과 타인의 감정을 알 수 없다. 그래서 물질 수준의 의식을 갖는 사람들은 화가 날 때에도 자기가 화가 나 있거나 화를 내려

고 하는지 알지 못한다. 그러다보니 화를 그냥 내고 만다. 화를 낸 뒤에 후회한다. 화를 내고 나면 관계도 나빠지고 건강도 나빠진다. 인격적으로도 손실이 크다. 그래서 자기감정 조절 능력이 필요한 것이다.

감정 조절 능력이 높은 사람이 수양이 잘된 사람이다. 그러면 어떻게 감정 조절을 잘할 수 있을까?

자기감정 조절 방법

첫째, 관찰하라 | 우리 이마에 있는 전두엽의 기능 중 탁월한 것은 자기가 하는 생각을 관찰할 수 있는 것이다. 동물은 이 기능이 없다. 사람만이 자기가 화를 내거나 화가 나려는 상태를 알 수 있다.

그러나 관찰 능력이 없는 사람은 화와 자신이 하나이다. 그래서 열받으면 온 몸이 화와 하나가 되기 위해 끓어오르기 시작한다. 심박동이 빨라지고, 경동맥이 튀어나오고, 머리에서 지어낸 온갖 욕들을 입에서도 초고속 LTE급으로 정신없이 전달하고 결국은 나와 분노가 완전한 하나가 된다. 옛날에 해수욕장을 간 적이 있는데 어떤 남자가 깨진 술병을 들고 누군가를 쫓아가며 "나 오늘 이성 잃었어, 너 죽었어~!" 그를 보는 사람들 중 대부분이 킬킬대며 웃었다.

그 중 어떤 사람이 말한다. "저놈 멀쩡하구먼, 이성 잃은 놈이 지가 이성 잃은 줄 어떻게 알아?".....

화를 조절하는 방법 중 제일 중요한 일은 자기감정의 움직임을 관찰하는 것이다. 관찰하는 사람은 자신이 화와 하나가 아니고, 화를 내는 자신을 보는 관찰자일 뿐이다. 관찰자는 화를 내지 않고 화가 나있는 자신을 볼 뿐이다. 그러면 한결 화로부터 멀어지게 된다. 더 나아가 화를 내는 나를 바라보는 나를 또 관찰하면 더 멀어진다 자신의 감정의 움직임을 관찰하는 습관은 자신에겐 깊은 수양과 타인에겐 평온의 영향을 끼치게 한다.

둘째, 나를 보는 타인의 말에 귀를 기울여라 | 누군가가 나를 보고 지금 내 상태가 어떤 것 같다는 느낌을 말할 때 깊이 받아들이는 것이다. 주변사람은 자신이 화가 난 것을 다 알고 있는데 본인만 '나 화 안 났어!' 소리를 지른다. 화 안에 갇혀 있기 때문에 자신의 모습이 보이지도, 들리지도 않는다. 남이 해 주는 이야기는 그늘이 내게서 무엇인가를 빌견했기 때문이다.

타인이 내 얼굴에 드러난 분위기를 말할 때 귀를 기울이는 습관은 자신의 감정을 조절하도록 돕는 친구들을 만들어준다.

셋째, 무의식 감정을 인식하라 | 우리 뇌는 보고, 듣고, 느끼는 모든 것들을 뉴런이라는 뇌세포를 통하여 처리하는데 무엇을 생각하는 순간, 생각은 전기와 같은 자극들을 만들어낸다. 이 때 재밌는 사실은 좋은 생각은 뉴런에서 +양전하를 자극하고, 부정적인 생각들은 −음전하를 자극하는데 자극은 전기 줄을 타고 인체에서 자기를 좋아하는 수용세포와 결합을 한다. (참고. 뇌 과학 동영상/What the bleep do we know?) 우리 몸의 특정 부위에서 둘이 결합하는 순간 짜르르하는 전기 자극을

느끼게 된다. 이 때 나도 모르게 손이 그 곳을 만지거나 긁게 된다.

이것을 무의식gesture 반응이라고 부른다. 바둑을 두는 사람들은 무아지경 상태이다. 그런데 갑자기 한 사람이 손으로 입술 밑을 움푹 들어간 곳(승장)을 만진다. 왜 만졌을까? 생각의 어떤 반응이 입술 밑의 수용세포와 결합을 하는 순간, 자기도 모르게 손이 만지게 된 것이다. 자, 그러면 입술 밑에 집을 짓고 살다가 자기와 동일한 파동을 가진 여인이 올 때 얼른 잡아채 결혼한 이 산 도적은 정체가 무엇일까? 이놈의 이름은 슬픔, 성은 비통, 본관은 후회, 자는 낙담이다. 그렇다면 바둑을 두다가 입술을 만진 이 사람의 감정 상태는 현재 어떤가? 후회하고 비통해하고 있는 것이다. 잘못 두었다고 다시 무를 수 없는 바둑, 말하지 않는 조용한 게임인 바둑에서 그의 잘못 계산된 후회의 한 수가 자기도 모르게 입술 밑에 자극을 만든 것이다. 이제 이 자극 체계를 배웠으니 우리는 상대와 대화를 나눌 때 그가 무의식중에 입술 밑을 만지면 그의 마음을 읽을 수 있다. '아, 지금 무언가를 후회하고 있구나!', '과거의 슬픈 기억이 떠올랐구나!' 이런 촉을 이성으로 감지하기 시작하면 이미 훌륭한 감성코치가 된 것이다. 이미 공부하신 분들도 많겠지만 신체 8포인트와 그 곳에 숨어있는 감정의 정체를 알려드리니 잘 기억하시기바란다.

무의식반응 경혈점

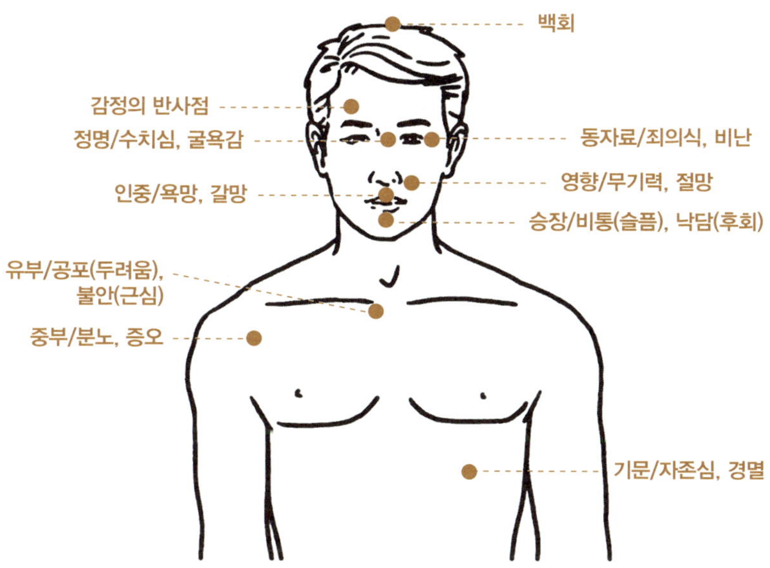

1. 양쪽 어깨 뼈 밑의 움푹 들어 간 자리는 분노와 증오의 집이다.

2. 목 아래의 쇄골이 시작되는 볼록 나온 뼈는 불안, 초조, 두려움, 긴장이다.

3. 입술 밑은 슬픔, 비통, 후회, 낙담이다.

4. 입술과 코 사이는 욕망, 집착, 갈망, 구속이다.

5. 코 옆의 움푹 들어간 기름 골짜기는 무기력, 절망의 자리이다.

6. 코끝은 자존심, 인정욕구이다.

7. 눈 바깥쪽의 뼈 자리는 죄의식, 비난의 자리이다.

8. 눈 안쪽의 눈꼽이 끼는 자리는 수치심, 굴욕감의 자리다. 8번이 가장 마음의 빛이 어두운 자리이다.

〈의식혁명〉을 기록한 데이비드 호킨스는 이 자리의 빛을 20룩스라고 하여 가장 마음이 어두운 상태라고 한다. 잘난 체하는 사람은 자살하는 경우가 없다.

자기를 드러낼 때 나오는 에너지가 도리어 긍정의 빛이 강하기 때문이다.

그러나 수치심을 겪는 사람은 마음이 어둡고 슬프다.

굴욕을 겪고 부끄럽게 하면 스스로 목숨을 끊는 사람들은 수치를 아는 사람들이다. 그래서 타인을 부끄럽게 하는 일이 제일 큰 상처를 주는 것임을 알아야 한다. 자, 이제 우리는 상대방이 신체의 특정한 곳을 만질 때 그의 감정을 알게 되었다.

그렇다면 이제는 이러한 반응 체계를 자신에게도 적용해야한다.

필자도 강의 중에 갑자기 코 옆이 짜르르 자극이 오면 '아, 이 부분을 내가 잘 모르는구나!' 스스로 상태를 감지하고 강의 후, 다시 검토해보면 내가 잘못 알았다는 것을 발견하게 된다. 입술과 목 아래 부분이 건조해 오면 '아, 내가 불안해하는구나!' 하고 기도하며 목 아래 쇄골을 톡톡 두드려주면서 '괜찮아 다 잘 될 거야!' 하면서 내 몸을 사랑해준다. 이렇게 자극을 통한 몸의 반응으로 자신과 상대방의 감정을 알아차렸다면 우리는 그 순간 자신의 감정을 자신으로부터 분리시키고 통제할 수 있게 된다. 감정이란 좋은 것이기도 하며 힘든 것이기도 하다. 그러나 감정에 따라 끌려 다니는 사람들은 그 자체가 더욱 힘들다.

욱하는 사람, 늘 우울한 사람, 정신없이 즐거움을 좇는 사람, 슬퍼하는 사람, 우리 모두의 삶의 모습이다. 그러나 명품 인간들은 감정에 흔들리지 않는 깊은 사랑을 가져야 한다. 사랑은 변덕이 없다. 좋았다가 싫어하고, 싫어하다 좋아하지 않는다. 한결같은 모습으로 매일 베풀고 자기를 준다. 삶에 지치고 쓰러져가는 사람들이 우리에게서 착하신 신의 얼굴을 보아야한다. 사람이 줄 수 있는 사랑만이 유일한 신의 속성이기 때문이다.

검사법

평소에 감정이 드러나지 않을 때는 자신에게 이러한 감정이 있는지 모른다. 그러나 검사해보면 자신 내면에 나쁜 감정점들이 숨어있는 것을 찾아낼 수 있다. 왼손의 검지를 앞에서 설명한 몸의 감정점에 대고 오른손을 오링테스트해서 힘이 풀리면 나쁜 감정들이 숨어 있는 것이다.

치료법

8포인트들을 검사한 후 힘이 풀리는 곳을 12번씩 톡톡 두드려주면 막힌 곳이 풀린다. 두드린 후에 풀렸던 곳을 다시 재검사 해보면 엄청난 힘을 느끼며 풀렸던 곳에서 강한 힘을 느끼게 된다. 그 곳에 살던 감정 소굴이 두드림의 강력한 물리적,

전자기적 충격파에 의해 파괴되었기 때문에 감정 에너지가 잘 흘러가게 된다. 생활하면서 다시 감정들이 뭉치기 시작하지만, 그 때마다 관찰하고 두드려주면 감정을 통제하고 표현하는 일들이 자유롭게 된다. 자기감정을 잘 관찰해서 끌려 다니지 말고 지배하는 명품 인간이 되어야겠다.

다음 세기를 내다 보아라,
다른 이들에게 최대한의 능력을 불어넣는 사람이 바로 지도자가 될 것이다.
-Bill Gates-

인재를 길러내는 사람

한번은 중국에 강의 하러 갔다가 CCTV2채널에서 학자들과 기업인들과 학생들이 함께 모여 중국이 강한 세계적인 나라로 가기위한 토론하는 것을 보았다. 사회자가 큰 주사위를 들고 나왔는데 주사위의 6면체 안에는 각기 다른 이름들이 기록되어 있었다. 브랜드, 기술, 물류, 인재, 자본, 마케팅 등 이름이 기록되어 있었다. 그들은 주사위를 집어 던지면서 주사위에 적힌 이름과 현대 중국의 기업들간의 상관관계 및 기술적인 부분에 대하여 하나씩 이야기를 나누었다. 마지막으로 사회자가 던진 질문은 이 모든 일들을 풀 수 있는 하나의 열쇠가 있다면 무엇입니까? 80%이상의 다수는 인재라고 하였다. 이렇게 인구가 많은 중국도 인재난에 허덕이는구나, 인재는 태어나는 것일까? 만들어지는 것일까? 나는 태어나기도 하고 만들어지기도 한다고 믿는다. 태어나는 인재들은 각기 자기 분야에서 탁월성을 드러내며 사회에서나 기업에서나 어느 곳에서든지 스스로가 일을 찾아 바르고 효율적으로 결과물을 창조한다. 그들은 어느 자리 무슨 일을 시켜도 열정과 헌신도와 탁월한 집중력, 그리고 체력도 타인들보다 월등하다. 이들은 대부분 영웅들이다. 이들은 타인들보다 보고, 듣고, 생각하고, 실천하는 것이 다르다. 이들은 태어나는 인재들이며 직장에서 평균 20%안에 속하는 핵심 인력들이다. 어떤 단체를 가든지 20%의 핵심 인력과 80%의 비창의적 실행자들이 주 비율로 구성되어 있다.

기업임원들을 코칭할 때에 대다수의 임원들의 고충이며 꿈에도 그리는 소원이 핵심 인력의 확충이다. 성과를 내려면 핵심 인력이 늘어나야 하는데, 인재풀이 정해져있기 때문에 결국 일은 믿을 만한 사람에게 다시 돌아간다.

여기서 우리는 사람을 길러내야 하는 휴먼 리더코칭이라는 새로운 해결책을 받아들여야 한다. 사람을 길러내지 못하면 능력 있는 사람은 과부하가 걸리고 무능한 사람은 월급만 받으며 성과를 못 내니 결국 문제가 여기저기서 터져 나온다.

이 때 필요한 것이 권한 위임Empowerment이다.

왜 우리 조직은 성과가 낮고 인재가 적을까?

권한을 위임하지 않고 몇 사람이 일을 짊어지고 가기 때문이다. 권한 위임이 안 되면 왜 안 되는지를 분석해야 한다.

권한 위임이 안 되는 기업들은 거의 백이면 백, 부하의 역량에 대한 상사의 인식이 낮다.

권한 위임 진단을 해보면 대부분의 부하들은 자기 역량을 높게 평가하는데, 반해 상사들은 거의 그들의 역량을 낮게 본다. 그러니 믿지 못하고, 믿지 못하니 일을 못 맡기고, 그 일은 결국 자기에게로 돌아온다. 부하들의 역량을 키워야 하는데 성과를 빨리 내야 하는 조직 문화 속에서 사람 기를 시간이 없다. 마치 어떤 야구팀들처럼 베테랑을 돈 주고 사와서 조급하게 성적을 내려하는 무리함 속에서 그나마 베테랑들도 탈이 나고 신인들은 양육되지 못하니 십년대계가 없는 것이다. 결국 20%의 인력은 과부하가 걸린다. 시간이 길려도 사람은 길러내야 한다. 부하들에게 임파워먼트가 가능하려면 그들의 역량을 키워야 한다.

삼국지에서 가장 위대한 사람은 제갈량이다. 그러나 그는 뛰어난 역량만큼이나 과부하가 걸렸다. 국가 행정을 총괄하는 직책인 승상의 직무부터, 전쟁을 치루고, 군사 전략을 짜고, 군량을 조달하는 일까지 모든 에너지를 쏟다가 54세의 일기로 북벌에 실패한 채로 세기의 천재는 오장원에서 사망한다. 제갈량 사후 촉은 곧 멸망한다. 공명의 리더십은 자신은 훌륭하지만 자기만한 인재들을 길러내지 못한데 결함이 있었다. 오늘의 기업이나 어떤 조직이라도 인재하나 잘 길러내면 명맥을 유지하고 더 성장할 수 있다.

모든 일은 인재에 달려 있다. 그렇다면 나머지 80%의 사람들 가운데

단 20%만이라도 인재로 만들어 낸다면 어떻게 될까?

40%의 인재군을 가진 집단은 아주 건강한 리더 집단이 된다. 그러나 인재를 길러내지 아니하고 핵심 인력에 집중되어 있다면 그들은 일 못하는 무능한 부하의 일을 대신하면서 마음속에 온갖 미움과 분노로 부하에 대한 적개심을 키운다. 자신들은 지쳐서 쓰러져 가고 무능한 부하들은 잘라내고 만다. 그나마 조금이라도 길러낸 사람이 사라지니 새로 뽑은 사람을 처음부터 다시 가르쳐야 한다.

여기서 핵심 인력들의 확충이 좌절된다.

그래서 리더들은 좋은 실력들을 혼자서만 갖지 말고 제자화를 위한 권한 위임을 시작해야한다.

권한 위임 못하는 지도자들의 결과

1. 시간 부족으로 쫓김,
2. 체력 과다 소모,
3. 분노감 팽배,
4. 조직 구성원들에 대한 불만,
5. 부하들의 일까지 자신이 함.
6. 후계자 없음.

제갈공명이 그 탁월한 능력으로도 천하를 통일하지 못한 것은 자신의 탁월함을 이어받을 제자 양성에 실패했기 때문이다.

> **권한 위임을 잘하는 사람들의 결과**
>
> 1. 리더로서 충분한 시간적 여유.
> 2. 스스로 알아서 돌아가는 능률적 조직,
> 3. 구성원들의 역량향상으로 인한 성과증대,
> 4. 직급의 상승,
> 5. 많은 사람들의 잠재력발견과 양육으로 인재 발굴 공헌, 그
>   들의 가족들이 편안함과 기쁨을 누림.
> 6. 자기계발과 체력보강 가능,
> 7. 리더로서 미래를 구상하고 방향을 세울 수 있는 환경
> 8. 탁월한 후계자들이 많아 연구개발이 확산됨

공자는 많은 제자를 잘 길렀기 때문에 유교의 교리가 동양 사상의 정점을 찍을 수 있었다.

인재 만들기

그러면 핵심 인력을 어떻게 키워낼 수 있을까?

아프리카의 초원에서 태어나는 임팔라, 누우, 톰슨가젤이나 얼룩말, 스프링복 등 초식동물들은 엄마 배에서 나오자마자 거의 십 분 안에 뛰어다닌다.

늦으면 다 잡아먹히기 때문이다.

그런데 사람은 일 년이 되어야 뒤뚱 뒤뚱 걷고 말도 몇 문장을 구사하지 못한다.

그러나 이렇게 더디게 성장하는 인간인데도 모든 동물을 장악하게

된 것은 자연계에서 인간이란 종이 가장 뛰어난 인재이기 때문이다. 그 무서운 사자도 비가 오면 그냥 들판에서 비를 맞는다.

그러나 인간은 사자처럼 용맹하지도, 힘도 세지 않지만 비 한 방울 새지 않는 집에서 여유롭게 비를 피한다.

인재는 태어나는 사람보다 만들어지는 경우가 더 많다.

이런 훌륭한 인재가 되기까지 인간은 많이 배우고 오랫동안 배운. 인재를 만들어내야 성과가 올라가고 성과의 열매는 사실 상사가 제일 많이 먹는다.

군대에서 총에 맞아 죽으면서 적의 진지를 탈환해 전쟁을 승리로 이 끈 것은 부하들이지만 그 댓가로 왕이 되거나 대통령이 된 사람들은 상사들이다.

그러면 어떻게 부하의 역량을 키워 권한 위임을 해주고 유능한 인재 풀을 많이 만들 수 있을까?

비즈코칭에서 이럴 때 사용하는 코칭기법을 IDP라고 한다.

IDP^{Indivisual Developement Plan}는 각 개인의 역량에 대한 분석과 어떻게 개 발해야 할지 SMART코칭, 중간점검, 피드백스킬로 3~6개월 안에 역량 을 키워주는 기법이다.

명품 리더들은 사람을 버리거나 미워하지 말고 기다려주며 중장기 적으로 꾸준히 사람들을 길러내야 한다. 부하나 주변사람들에게 자신 들의 할 일이 무엇인지 명료하게 알려주고 자기가 할 일에 대한 전문성 을 갖도록 중간 관리자들과 함께 부하들을 길러내야 한다. 시간이 가도 이 일은 해야 한다.

욕을 하거나 비난해서 사람이 성장하지 않는다. 이럴 때 제일 좋은 방법이 코칭스킬을 사용하는 것이다. 코칭은 사람을 변화시키는 데는 가장 적합한 학문이며 기술이다.

회사에서도 부하 한 사람 한 사람의 성향과 특징, 그의 장단점을 정확히 읽어내고 공을 세울 기회를 주며 일대일로 능력 있는 부하가 될 때까지 길러내는 상사들이 나중에 더욱 많은 성과를 낼 수 있다는 사실을 잊으면 안 된다.

리더는 사람을 버리지 않는다

내 자식 하나 길러내는 것도 얼마나 어려운가?

그러나 부모들은 자식이기 때문에 포기하지 않고 그의 행복과 축복된 삶을 위해 헌신한다.

청소년들을 대할 때 이런 의식이 마음바탕에 깔려 있어야 청소년들을 돌보는 일이 가능하다.

명품 리더들은 지금 만나기 시작한 청소년들을 리더화시켜야 한다. 이 아이들이 다른 아이들을 사랑하기가 쉽기 때문이다.

그러기위해서 우리는 자신들의 전문성으로 서로 제자들을 양육해 나가야 한다.

자존감 높은 사람

자존감self regard은 자신을 존중하는 마음을 말한다.

자존감이 낮으면 어떤 결과가 올까?

동화 백설 공주에 등장하는 왕비의 미모증후군은 탐욕에서 비롯된 낮은 자존감이다.

일국의 왕비 정도 만해도 얼마나 아름다울까? 사람마다 미의 기준이 다르다, 조선시대의 유명한 소설 〈박 씨 부인 전〉의 박 씨 부인은 아주 심한 추모였지만, 그녀는 자존감이 결코 낮지 않았고 도리어 기품이 있었다. 그의 남편 대감도 그녀를 존중했다. 얼굴보다 마음의 아름다움의 가치를 더욱 귀하게 생각하는 의식 높은 사람들은 세속의 가치에

휘둘리지 않는다.

그러므로 그들은 자존감이 높다. 자기를 존중하고 자기를 사랑한다. 백설 공주에 등장하는 왕비는 나이만큼의 성숙한 아름다움이 있었겠고, 백설 공주는 어리니만큼 청순한 아름다움이 있는 것이다. 왕비는 자존심은 높지만, 자존감은 낮은 사람이다. 그러므로 자기가 갖고 있는 자기만의 성숙한 아름다움을 존중하지 않고, 거울이라는 오직 팔등신 구조물의 절대 기준점을 갖춘 여인을 아름답다고 인정하도록 세팅된 도구 곧 사회적 평가에 자신의 독특성을 상실한 사람이 된 것이다.

만일 왕비가 이러한 자기에 대한 아름다움을 내면의 지성이나 삶의 지혜, 의미의 삶에 가치를 두었다면 그녀는 공주를 해치려하는 마음보다 공주와 함께 더 좋은 일을 많이 했을 것이다. 왕비가 자기의 아름다움과 공주의 아름다움의 다양성을 존중했다면 어떻게 되었을까? 자기를 낮추는 겸손과 스스로를 부끄럽게 생각하는 낮은 자존감은 전혀 다르다. 낮은 자존감은 탐욕이라는 가치에 뿌리가 있다. 몇 년 전 아마존의 눈물이라는 다큐에서 아마존 조에 족을 보았다. 그들은 옷도 안 입고 음식물은 공동으로 나눠먹는다. 그들에게는 낮은 자존감이나 열등감이 없다.

자신들의 삶을 비교할 기준점이 없기 때문이다.

결국 낮은 자존감은 비교할 것이 많은 곳에서 발생하게 된다.

톰 행크스가 주연으로 나온 캐스트 어웨이Cast away에서 무인도에 떨어진 그에게 외로움은 있어도 열등감이 없는 것과 같은 이유다.

그는 좋은 팬티 대신 천 쪼가리를 걸치고 있어도 부끄럽지 않고 오히려 손으로 나무를 비벼 불을 일으킨 자신에 대해 소리를 지르고 춤을 추며 높은 자존감을 드러낸다.

우리나라의 유명 여배우들이 자신의 아름다운 외모에도 불구하고 손이 커서, 입술이 얇아서, 턱이 두꺼워서, 피부가 거칠어서 등 등, 자신을 감추고 트라우마처럼 선천적인 것들을 부끄러워한다.

학벌, 직업, 재능, 신체, 지식, 자동차, 집 평수, 자녀들의 실력, 셀 수도 없는 무수한 곳에 우리의 열등 트라우마가 우리를 옥죄고 있다. 근원은 탐욕이다. 보다 훌륭한 삶을 살려는 노력은 자아실현에 근거를 둔 아름다운 행위이다. 이것이 낮은 자존감을 극복하는 열쇠다. 포도나무는 모양도 볼품없고 꽃도 예쁘지도 않다. 잎도 거칠어서 쓸데없고 나무는 재목도 안 된다. 뿌리는 약용도 안 되고 그나마 옆으로 등허리가 휜 채로 살아간다. 나무로 보면 가장 볼품없는 나무가 포도나무이다.

그러나 그의 자존감은 아름다움에 있지 않다. 뜨거운 여름 모든 양분과 수액을 가지로 보내 풍성한 열매를 맺는 데에 있다. 이것이 포도나무의 자존감이다.

위대한 영적 리더들은 수치와 멸시를 당하지만 열등하지 않았다. 가치 기준이 탐욕에 있지 않고 사랑에 있었기 때문이다. 나를 위해 희생하는 부모와 영적 스승들은 기꺼이 수치를 감당하였는데 우리는 외모와 학벌과 가난을 부끄러워한다

잘생긴 사람 부러워하면 안 된다.

도리어 마음이 맑은 사람을 부러워해야 한다. 건강한 사람 부러워하는 것보다 도리어 아파할 줄 아는 영혼을 가진 사람을 부러워해야 한다. 눈을 들어 머리 위를 보면 바로 우주이다. 자신을 낮은 의식수준의 물질차원의 것들과 비교하며 스스로를 학대하지 말고, 위대한 영적존재로 태어나 신을 찬양하고 기도할 수 있는 존귀한 자아에 대한 자부심을 가져야 한다.

자존감이 높으려면 자신이 리더라는 자의식을 갖고 있어야한다. 자의식이 있는 리더는 항상 자신의 조직을 끌고 가기위해 방향을 찾고 성과를 내려고 노력한다. 그러나 리더이면서도 리더의 자의식이 없으면 방향성 없는 노동을 하게 된다. 코치는 뼈 속부터 냄새까지 코치이어야 한다. 싸르트르가 실존주의는 휴머니즘이라는 말을 한 섯처럼코치는 그를 행복하게, 그를 성공하게, 그의 가정이 회복되게, 그가 평안해지도록 돕는 사람이다. 그가 행복할 때 나도 행복해지고, 그가 성공할 때 함께 즐거워하고, 그의 가정이 회복될 때 아이들이 편안히 잠든 모습을 보는 것이 코치로 사는 즐거움이다. 이러한 마인드로 무장한 사람들이 프로코치다. 부부의 문제로 부터 시작된 잦은 다툼들이 아이들에게는 아픔으로 결실한다. 더 큰 문제는 아이들은 자라난다는 것이다. 어떻게 자라날까? 씩씩하게 아픔을 딛고 건강하게 커가는 긍정적인 아이들도 있겠지만, 아픔을 자기학대로, 타인에 대한 분노로 부모에 대한 원망을 터트리는 아이들도 얼마나 많을까? 맞는 아이들이나 때리는 아이들이나 똑 같은 붕괴된 가정의 결과다. 우리들의 가정에서 자녀들을 향한 따뜻한 말 한마디나, 경청에서 배운 백트래킹 기법으로 공감해주는 일도 코처블한 삶을 사는 것이다. 절대로 애들 앞에서 싸우고 서로를 비하하면 안 된다.

어린아이들에게 부모는 하늘이다. 부부가 싸울 때 애들에게는 마치 하늘이 무너지는 것처럼 불안이라는 트라우마가 만들어진다. 자신의 존재가 어떻게 될지 모르는 불안 속에서 떨며 자라난 아이들은 성장한 뒤에 삶 전반에서 문제가 드러나기 시작한다. 부모들은 뒤늦게 후회하지만 자녀가 겪은 고통들은 이미 영혼과 감정 깊은 곳에 숨어 버려 그리 쉽사리 해결되지 않는다. 이 때부터 아이들에게 낮은 자존감이 형성된다. 남의 눈치를 보며 어떻게 될지 모르는 자기 존재의 앞날 때문에 두려워 떤다. 결코 적지 않은 인생의 무게가 있는 곳이 가정이다.

아직 아이들은 질그릇처럼 약하다. 그러나 마치 스티븐호킹의 장애의 몸속에 위대한 우주가 들어 있듯이, 아이들은 아직은 약하지만 그들의 안에는 빛나는 보물들이 들어 있다. 우리는 작고 보잘 것 없는 사람들을 외양을 보고 평가하면 안 된다. 아무리 보잘 것 없는 그릇이라도 그릇은 그 안에 무엇을 담고 있느냐에 따라서 그릇의 가치가 달라진다. 아이들안에 숨어 있는 보물을 보는 부모는 절대로 아이들을 외모나 아이큐로 평가하지 않는다. 훗날 이 아이들이 어떻게 변할는지 보물로 보는 시각은 그들을 존귀한 자의식을 갖게 할 것이다. 우리의 자녀들이 우리나라와 세계의 건강한 리더들이 되도록 우리 가정부터 사랑의 품성 운동을 시작해야 한다. 공부하는 아이들에게 힘내라고 따뜻한 문자 하나 보내고, 아이들이 가지고 있는 존귀한 자존감들을 발견해주고 말해주고 포옹해주어야 한다. 변함없는 사랑의 눈빛으로 든든한 버팀목이 되어 주어야 한다.

아이들이 명품이 되도록 누구하고도 비교되지 아니하는 자신만의 자존감을 회복시켜주어야 한다.

나는 나 일 뿐, 그 누구도 나를 대신 할 수 없다.

남달리 잘난 것이 없어도 그것이 나다. 나만의 이름과 나만의 고유한 음성과 나만의 지문과 나만의 홍채와 나만의 손의 생김새와, 발의 모양, 두께와 크기, 나만의 냄새와 독특한 두상, 등 셀 수없는 내 몸의 형체는 오직 하나밖에 없는 존재의 탁월함이다. 이런 것들을 우리 자녀들에게 계속 인지시켜야 한다.

우리 아이들은 천하에 하나밖에 없는 가장 존귀한 아이들이다.

열한 번째 명품 인간

감사. 나는 매일 감사일기를 적어내린다. 감사할 수 있는 사람이 삶의 주인공이되고
선택권이 주어질 것이다. 아무리 많은 부와 명예를 누릴 지라도,
감사함이 무엇인지 모르는 자는 삶의 주인이 아니라, 노예인 것이다.
-Oprah Winfrey-

명품 의식이 있는 사람

‘생각을 조심하라 운명이 된다’는 글귀를 보고 놀란 적이 있다.

사람은 원하는 생각을 하고 좋은 것을 원해야 한다.

생각하는 것이 그 사람을 결정한다. 그만큼 생각이 무서운 것이다.
그냥 스쳐지나가는 생각 같지만 한번 떠오른 생각들은 마음 한구석에
자리 잡고 서서히 자신의 생각들을 실현시킨다.

명품 인간들은 우연을 조심해야 한다. 우연히 떠오른 생각, 우연히
보게 된 영상들이 인류를 이롭게 하는 것이라면 좋겠지만 나쁘거나 슬
픈 생각들을 떠오르게 되면 그 생각은 반드시 나쁜 결과물을 만든다.

먼저 나쁜 생각을 하면 어떤 일이 벌어질까?

사람의 뇌는 부정적인 요소인 미움, 질투, 자기 비하, 자기 부정, 불행과 같은 비관적 성격을 만든다.

이런 패턴으로 구조화된 뇌는 안 되는 생각을 하고 없는 것부터 찾고, 틀린 것을 보며, 잘못한 것만 보고, 비난하고 책임을 남에게 전가한다.

이러한 에너지 파동으로 그의 주변에는 안 되는 일이 생기기 시작하고 자주 화를 낼만한 일들이 만들어진다.

결국 자기 불행의 주범은 자신의 생각이었다.

그리고나서는 나에겐 꼭 이런 일이 생긴다고 자기 인생을 원망한다.

생각은 에너지이며 에너지는 움직이는 파동일 때 우리의 생각은 기까운 사람들에게 무의식적으로 전달되며 그들의 삶에 직, 간접적으로 영향을 미친다. 이를 사고파장이라고 부른다.

내 생각은 같은 생각을 가진 사람들을 불러 오고, 다른 생각을 가진 사람들을 배척한다. 마치 꽃에는 나비가 날아오고, 쓰레기에는 파리가 꼬이는 것과 같다. 우주적으로도 나의 좋은 품성의 영향력은 원하면 반드시 파급되게 되어있다

좋은 생각을 하면 낙관 회로와 전두엽 좌측 행복 중추의 이중주가 연주되면서 온 뇌가 밝고 긍정적인 무드로 넘치게 되고, 여유와 부드러운 에너지가 발산되어 주변사람들도 기분이 좋아지고 행복하게 된다.

내가 웃으면 상대도 덩달아 웃게 되는 것도 나의 에너지가 전달되었기 때문이다.

덜렁거리지만 얼굴이 편안한 사람들이 긍정 회로가 좋은 사람들이다

누군가의 좋은 품성을 배우고 싶은 사람들은 존경하는 사람을 항상 얼굴부터 말씨나 행동을 그처럼 하는 습관을 길러라.

바른 생각을 만드는 의식 코칭

하루에 가장 많이 하는 생각이 무엇인가?

자신이 가장 많이 생각하는 그 대상이 곧 자신이다.

예를 들어 '나는 항상 돈 생각을 한다'면 '나는 돈이다'라고 불러야 한다.

나는 항상 이성을 생각한다. 그러면 나는 곧 '그 남자, 혹은 그 여자'다.

나는 항상 할일을 생각한다면 나는 존재가 아니라 곧 일이다.

나는 무슨 생각을 제일 많이 하는가?

생각하므로 존재하는 것이 아니라, 생각의 내용이 존재를 결정짓는 것이다.

평소에 제일 많이 하는 생각들을 순서대로 기록하라.

1.

2.

3.

이러한 생각들의 결과로 만들어지는 내 마음은 어떠한가?

이러한 나의 생각들은 어디에서 왔을까?

이러한 생각의 패턴을 만들어내는 것이 에고 집단이다.

에고가 만들어내는 생각들의 숨은 의도는 무엇일까?

돈을 더 많이 벌려고 자나 깨나 남의 돈을 훔치고 사기를 칠 생각만 하는 사람들은 어디서 그런 생각들이 시작되었을까?

나의 생각들은 내 마음을 어둡게 만드는가? 밝게 만드는가?

자신 생각의 내용들을 생각해보고 그것이 원하지 않는 생각, 일어나지 말아야 할 생각, 자신과 타인의 삶에 악영향을 끼치는 생각들을 하고 있다면 생각을 멈추어야 한다. 그리고 원하는 생각을 하라. 이루고 싶은 생각을 하라, 내 생각들을 감시하지 아니하면 의도하지 않은 인생을 살게 된다. 내가 바르게 생각들을 의도하지 아니하면 반드시 생각은 에고의 지배를 당할 것이며 누군가 다른 사람의 의도가 내 삶을 대신하게 될 것이다.

에고의 속성

에고가 만들어내는 생각들은 보편적으로 자기 생명 보존에 기인한다. 에고의 생각들은 평균 하루에 약 2~3만개가 나타났다가 사라진다. 그 중 95%는 그 전날, 그 전전날 했던 생각들이다. 그리고 그 중 85%는 걱정을 한다. 그러한 생각들은 본능적으로 자기 목숨을 유지하기 위한 생각들이나 나쁜 유전자의 활동으로 혹은 부모나 학교의 당위적 사고 교육에 의하여 습관화된 생각들을 하는 것이다. 엄밀히 말하면 원치 않는 생각을 하며 사는 것이다. 이러한 오래된 생각의 패턴과 습관들을 에고의 생각으로부터 벗어나 존재로부터 나오는 생각들로 만들어야 한다.

이러한 새로운 사고를 존재 중심적 사고라 한다. 존재 중심적인 사고는 자기를 먼저 생각하지 않는다. 우리들은 자기 속에 얼마나 빛나고 아름다운 존재가 숨어 있는지 모른다.

그러므로 존재로부터 시작되는 삶은 자기 목숨을 생각하지 않으며 자기의 이익을 구하지 아니한다. 나는 큰 딸아이를 장애인 학교에 보내면서 특수치료를 전공한 선생님들을 많이 보았다. 좋은 대학을 나온 젊은 선생님들이 몸을 제대로 가누지 못하는 아이들의 밥을 먹이는데 정작 자신들은 밥을 먹을 시간이 부족하다. 그 불편한 아이들을 떠먹이면서 그 숟가락으로 자기 밥을 먹는 것을 보면서 나는 '저 선생님들은 분명히 하늘에서 내려온 천사들 이겠구나!'라는 생각을 하였다.

이러한 초자아적인 행동은 사랑의 에너지로부터 나오는 자연스러운 것이다. 이러한 사랑이 이 사회에 아직도 살아 있는 곳이 많다. 약자들을 돌보는 그들은 드러나지 않으나, 그들의 사랑이 지금도 지구를 받침하고 있고, 여전히 우리를 살리는 생명의 근원이다.

아직도 늦지 않았다.

나는 존재로부터 흘러나오는 사랑의 틀 안에 살고 있는지 돌아보고, 자기 먹을 것만 챙기고 누군가에게 고통을 주고 있다면 빨리 돌아가야 한다. 지구를 살리는 길은 이산화탄소 감량에만 있는 것이 아니다. 사랑의 회복이 결국 지구를 살리고 우리를 이 땅에서 오랜 세월을 살게 할 것이다.

생각대로 움직이는 현실

강의를 하면서 수많은 생각 에너지의 실습들을 한다. 특히 언어 에너지와 사고 에너지의 다양한 실습들은 놀랍기 그지없다. 한쪽 구석에 앉아서 강의를 듣는 사람의 귀에 사랑합니다. 감사합니다. 라고 음성을 들려준 후에 반대편 먼 곳에 앉은 사람에게 가서 오링테스트를 해 보면 여지없이 강력한 힘으로 손가락이 열리지 않는다. 그러나 다시 첫 번 사람에게로 돌아가 귀에다 "싫어, 미워!"라고 말 한 후에 다시 그에게로 가서 오링테스트를 시도하면 이번에는 손에 힘이 하나도 없이 풀리게 된다. 이번에는 피 실험자 옆에 선 채로 앞선 사람에게 첫 번째 내가 한 말을 속으로 떠올려보라고 한다. 그리고 오링하면 다시 손에 엄청난 힘이 가해진다. 이번에는 그에게 두 번째 생각을 곧 '싫어, 미워'라는 생각을 하게 한다. 말만 떠올려도 피 실험자의 손은 힘이 풀리고 만다. 나는 이 실험에서 한 번도 틀려본 적이 없다. 보이지 않는 공간에서도 우리의 사고는 한 공간뿐 아니라 우주 공간으로 언어 에너지와 사고 에너지가 파동으로 번져 나가 누군가의 마음에 퍼지게 된다. 그 때 주파수를 같이 잡는 사람은 파동자와 함께 사랑하거나 혹은 미움에 빠지게 된다.

생각은 실재하는 현실이다.

지금 독자 여러분이 이 책을 읽게 된 것도 우연이 아니다. 이것은 여러분의 생각이 이 책보다 선행했기 때문에 지금 이 책을 읽고 있는 것이다. 아, 저 책 재미겠다. 유익하겠다, 라는 생각이 들었기 때문에 이 책을 구입해서 읽고 있는 것이다. 그냥 아무거나 사와서 책을 읽다 보니까 이 책을 사서 읽는 것이 아니다. 항상 사고가 선행하고 행동이 뒤를 따르게 되는 것이다.

그러므로 오늘은 과거 생각의 결과들이다.

생각은 결과를 낳는다

그러므로 지금의 삶은 내가 생각하고 원한 결과들이다. 그렇다면 미래도 내가 창조할 수 있는 것이다. 현재가 내가 생각한 과거의 결과라면 미래는 지금 생각한 결과가 미래에 나타나기 때문이다.

그러므로 우리는 항상 미래를 위해서라도 원하는 생각을 하고 살아야 한다.

슬픈 삶을 생각하면 슬프게 살게 되고 행복한 삶을 원하면 행복하게 된다.

100조 개가 넘는 모든 세포들은 대뇌의 지령을 받는다. 무의식적으로 하는 생각들도 우리 몸은 전부 반응한다. 생각은 에너지가 있는 전기이며 파동이다. 파동은 물리적인 힘을 만들고 그 힘들은 우리 인체 전부에 영향을 미친다. 곧 마음먹기 달렸다고 말할 수 있는 것이다. 좋은 마음을 먹으면 세로토닌이 나오고 즐거운 마음을 먹으면 도파민이 생성된다. 나쁜 마음을 먹으면 아드레날린이 나오고 좋은 마음을 먹으면 좋은 사람, 나쁜 마음을 먹으면 나쁜 사람이 되어가는 것이다.

원하는 생각을 하라

한번은 고속도로 터널을 지나가는데 앞의 차량이 터널 천장에 매달린 대형 프로펠러가 달린 환풍기 아래를 지나갈 때나나 옆으로 비켜서 가는 차량을 본 적이 있다. 아마도 그 사람은 영화 터널의 주인공이 되기 십상이다. 그러면서 하는 말이 '내 예상은 한 번도 틀린 적이 없어'라고 말할 것이다. 이 터널은 누가 무너뜨렸을까? 그의 집요한 부정적인 사고 에너지가 터널을 붕괴시켰을 것이다. 환풍기가 떨어지면 좋을까? 환풍기가 떨어지면 자기만 다칠까? 왜 그는 터널을 지나면서 그런 사고를 할까? 그것이 에고의 사고 패턴이다.

에고는 자기 생명을 위하고 그것은 어두운 터널을 지날 때 불안한 마음을 만들고, 그러한 마음은 환풍기 아래를 지날 때마다 곡예 운전을 하게 만드는 것이다. 원하는 생각을 하라. 환풍기는 안전하고 튼튼하며 모든 사람들은 편안한 마음으로 터널을 지날 것이다, 라는 생각은 보이지 않는 사물에 반드시 좋은 영향들을 미칠 것이다.

원하는 생각을 만드는 힘 가치

생각은 가치와 결합해야 변화될 수 있다.

좋아하는 일을 하고 사는 사람은 행복하다.

그러나 사람이 꼭 좋아하는 일을 하고 산다는 보장이 없다

대학을 들어가도 원하는 과를 택하는 것이 아니라, 그냥 대학을 들어가는 우리나라 현실에서는 더욱 그렇다. 대학을 졸업하고 자기 전공대로 사는 사람이 얼마나 될까? 우리는 성공이라는 요소와 행복이라는 요소보다 이제는 해야 할 일을 생각해야만 한다. 그러니까 좋아하는 일을 하는 것보다 해야 할 일을 좋아하도록 가치를 전환해야 한다는 것이다.

해야 할 일을 좋아해야 생각의 변화가 일어난다. 이것은 사명감이며 가치의 전환이다.

가치 중심적인 사고는 가치 혁명이며 사고의 혁명을 만들 수 있다. 거듭 말하지만 가치와 결합되지 않은 생각들은 방향이 없다. 마치 방향성 없는 노력이 노동에 불과한 것처럼 가치로부터 출발하지 않는 사고는 엉뚱한 결과를 만든다. 가치 기반의 더 넓고 더 깊은 사고는 생각이라는 행위에 방향성을 부여하기 때문에 생각은 바르게 되고 좋은 결과를 만든다. 이런 가치 기반적 사고를 하는 사람들이 인류를 생각하며 어린아이들을 생각하며 지구 환경을 생각하며 건강한 사회를 생각하며 누군가를 도와줄 생각을 하는 아름다운 존재들이다.

아무리 하늘이 짙은 구름이 있고 비가와도 비행기가 나는 하늘 위에는 어두운 구름도 빗방울도 없다. 거기는 빛나는 태양과 파란 하늘만 있다.

자신의 존재는 태양 같은 본성을 가진 순수한 존재이다. 어두운 하늘을 바라보고 우울해하지 마라. 우울해 하는 그 때부터 어두움으로부터 더 많은 고통의 빗방울이 쏟아진다. 어두운 먹구름 사이로 가끔 보이는 파란 하늘을 보고 '아, 하늘위에 또 다른 하늘이 있구나!'라는 존재의 자각으로 행복해진다. 우리 모두의 마음엔 빛나는 하늘이 숨어 있다. 절대로 먹구름만 보지 마라. 떨어지는 빗방울도 보지 마라. 구름 위의 하늘에는 고통의 빗방울도, 비를 만드는 우울한 신념의 구름 덩어리들도 없다. 그 곳은 파란 존재의 빛들과 무한한 공간과 빛나는 태양만 존재한다. 이것이 우리 존재의 근원이다. 항상 자신의 존재 안에 거하라, 그러한 나는 항상 빛나는 존재다.

우리는 이 존재 위에 부모로부터 물려받은 유전적인 성향과 후천적으로 만들어진 소중한 가치들을 새로이 창조해야 한다. 이러한 가치들은 우리의 살아가는 존재의 방향을 설정해 준다. 이에 가치가 이끄는 삶은 우리의 태양빛을 세상에 비추는 통로가 될 것이다. 자신의 생명과도 바꿀만한 어떤 가치들이 숨어 있는지 발견하도록 하자.

나는 코칭 강의 중에 가장 재밌는 시간이 가치 찾는 질문 시간이다. 대개 동물로 태어난다면 어떤 동물로 태어나고 싶으세요? 라고 묻는다. 그리곤 왜 그 동물로 태어나고 싶나.?를 물으면 대부분 그가 살아가는 삶의 현재의 가치가 드러난다.

한번은 어떤 회사원에게 물었더니 자신은 바퀴벌레로 태어나고 싶다고 했다. 처음 들어 본 말이었다. 웃음을 참으며 왜 바퀴벌레냐고 했더니 아무도 없는 컴컴한 곳에서 편하게 살고 싶어서 그랬다. 이 사람의 현재의 삶에 가장 중요한 가치는 바로 잠시라도 세상과 격리되어 살고 싶은 삶의 고단함과 쉼이 필요하다고 말하고 있다.

이 사람에게 "아, 쉼과 스스로 위로가 필요하군요!"라고 했더니 "아, 맞아요. 전 지금 너무 힘들어요, 진짜에요, 아무도 없는 곳에서 혼자 있으면 좋겠어요."

다음과 같은 질문들도 가치를 발견하는 질문이 된다.

- 오늘 세상을 떠난다면 마지막으로 꼭 해보고 싶은 것은 무엇인가요?
- 그것은 당신에게 어떤 의미가 있나요?
- 하나 더 해보고 싶은 것이 있다면?
- 그것은 어떤 의미가 있나요?
- 둘 중에 한 가지 밖에 할 수 없다면 무엇을 하고 싶으세요?
- 아 당신의 소중한 가치가 여기에 있었군요!

자세히 보아야 예쁘다. 오래 보아야 사랑스럽다. 너도 그렇다.
-나 태주, 풀꽃-

행복한 명품 부부

'부부가 살아야 가정이 산다.'

자주 싸우는 부부는 같은 패턴의 갈등과 싸움을 반복해서 싸운다. 부부는 서로의 아픔을 묻고 그 아픈 상처들을 꺼내 보여주고 그렇게 서로의 내면을 마주해야 한다. 서로의 불완전함을 완전함으로 고치는 것이 목표가 아니라 배우자의 불완전함을 어떤 과정으로 보완할 것인가? 가 부부 코칭의 목표가 된다. 그러나 서로가 아픈 상처들을 숨겨 놓는다면 상처는 더 큰 결과를 만들어 낸다. 명품 부부는 서로의 감정을 있는 그대로 알려 주고 함께 고민한다. 그 이면에 숨어있는 두려움과 수치심마저 알아줘야한다. 내 아내는, 내 남편은 무엇을 두려워하는

가? 이것을 깨닫는 것, 여기가 변화의 시점이다. 그러나 이러한 상대의 아픔에 대한 무관심이나 비난하게 되면 부부라는 신비함을 모른 채 인생을 마감하게 된다. 부부는 서로를 감당하는 것이다. 감당하지 않는 사람들은 자신의 잣대로 상대를 재고 얼굴빛과 언어, 심지어는, 생각과 선호하는 것까지 통제한다. 사람에게는 사람마다 타인의 잣대로 잴 수 없는 길이의 생각들과 어떤 저울로도 잴 수 없는 아픔의 무게가 다르다. 혼자서 그 두려움과 아픔을 감당하기 힘들기 때문에 부부로 사는 것이다. 부부는 서로를 돕는 존재다. 이것이 부부의 정의다. 진정한 사랑의 행위는 가장 가까운 사람과 나누는 것이다. 친밀감을 회복하는 데에는 문제를 진지하게 풀고자 하는 진정성이 필요하다. 자신의 마음에 제일 먼저 숨어있는 감정을 언어화하여 배출하는 것이 중요하다. 서로에게 묻고 연약함을 밝히 들어내고 자신을 말하라. 아프다고 말하라. 외롭다고 말하라. 힘들다고 말하라.

부부 사이에 나에 대해서 말하기보다 너에 대해 말하다 보니 문제가 더 커진다. 안정형, 신중형 이들은 생존에 관심이 많은 사람들이다. 사교형, 주도형들은 성취와 문화 지향적인 사람들이다. 부부간에 반대 유형이 만날 때 긴 시간이 지나야 서로 끊어진 다리를 확인하게 된다. 감정을 생각으로 만들지 말고 행동으로 옮기지 마라. 감정은 그냥 감정이다. 마음이 아픈데 그 마음을 아프다고 말하면 감정을 표현하면 되는데 엉뚱한데서, 화를 내고 엉뚱한 말로 감정에 부정적인 옷을 입히지 말아야 한다. "인생이란 결국 나 혼자뿐이다, 힘들 때 내 곁에 아무도 없었다.” 이렇게 포장해서 자신을 속이지 말라. 감정은 ‘옳고 그른 것이 아니고, 좋다, 나쁘다’고 말할 수 없다. 그 때 그 때 떠오르는 자기 마음의 정서적 표현일 뿐이다. 그것은 바람과 같고 물 같아서 쉽게 흘러갈 수도 있고 또 계속해서 불어날 수도 있는 것이다. 그냥 배우자가 아프다고 하면 어디가 아픈지 물어주고 어떻게 하면 안 아플 수 있는지 의논하려고 부부가 된 것이다. 사람은 자신의 감정을 누구와 제일 먼저 나눌까? 가장 가까운 사람과 나눈다. 제일 가까운 사람은 자신이다. 자신과 먼저 감정을 나누어야 한다. 그것이 자기의 지기됨을 인정하는 것이다.

그 다음 가까운 사람에게 감정을 나눈다. 조선의 유교의 덕목 중에 감정을 드러내는 사람을 천시했다. 자신을 참아내고 인, 의, 예, 지를 지키고 힘들어도 내색하지 않으며 사는 사람에게 열녀문을 지어주고 칭송한 가치 때문에 모두가 묻어두고 덮어두고 살아온 것이다. 그러나 사람에게는 가슴 한쪽 구석에 꽉 막힌 채로 흘러가지 못하는 감정적인 에너지 체계가 숨어있다. 속 썩이는 신랑을 참아내느라고 속을 시커멓게 태웠다. 그러나 현대 여성들은 속을 태우며 신랑을 밤새도록 기다리지 않는다. 자기도 밖으로 나가버린다. 전통적인 사고로 자기 아버지의 행태를 보고 배워온 아들들은 남편이 되어서도 자기 아버지처럼 산다. 그러나 여성들은 그런 남편 옆에서 참는 어머니를 보고 거꾸로 배우는 것이다. 난 저렇게 살지 않을 것이다. 여기에는 여성들의 높은 교육과 자유로운 사고와 자기 계발과 자아 성취와 병행된 경제적인 능력들이 동력이 되었다. 전통적인 한국 사회의 가부장적 남성들은 갖고 태어난 신체적인 힘 등에서 월등하기 때문에 최후의 보루인 폭력성을 갖고 있다.

그러므로 이성보다는 감정적으로, 나보다는 너 때문에, 옳고 그름을 따지면서도 문제를 풀려는 것보다 이기려고 싸운다. 그러면 이기면 어떻게 될까? 이 때 원시적 원형으로 돌아가 상남자가 되기 때문이다.

상대에게 형량을 구형하거나 징계를 가하는 상전의 자리에 앉고 싶어 그러는 것이다. 상전에 앉게 되면 배우자를 종으로 부리고 죄인으로 만들 수 있다. 그 다음부터 모든 스트레스를 배우자라는 쓰레기통 속에 집어 넣어 배우자를 쓰레기 처리장으로 만드는 것이다. 그것은 항상 '너 때문에'라는 말을 아주 상습적으로 하게 한다. 여기서 사신과 배우자에 대해서 책임지지 아니하는 부부의 가장 못난 모습이 드러나게 된다. 나는 자녀들이 다 장성했는데도 부부간의 호칭을 잘못하는 부부를 많이 보았다. 남편들은 아내를 '너'라고 부른다. 우리나라에서 '너'는 하대어다. 우리나라의 공대어는 '당신'이다. 미국에서 자란 아이들은 아버지도 너라고 부르지만, 우리나라는 분명히 이버지, 혹은 아버님, 아빠로 부르지 너라고 부르지 않는다. 이것은 우리의 살아가는 존중의 문화이기 때문이다. 중국 사람들이 우리말을 배우는데 성조가 없어서 좋은데 존칭어가 많아서 어려움을 겪는 것은 우리 문화의 품격이기 때문이다. 가정도 품격이 있어야 한다. 그것은 부부가 함께 만들어 나가는 것이다, 그 기본이 호칭이다. 부부간에도 가장 기본적인 예의가 있다.

그것이 호칭이다. 조선시대에는 남편들도 부인에게 하대하지 않았다. "당신께서도 함께 드시지요." 이렇게 말했다. 부인은 곧 자신이기 때문에 부인에게 하는 것이 곧 자신에게 하는 것이다. 거친 언어로 부인을 함부로 대하니 아이들도 어려서부터 여성을 대하는 마음가짐을 아버지에게서 배운다. 절대로 '너' 혹은 '야'라고 하지 말아야 한다. 싸울 때에도 이런 저속한 용어를 안 쓰려고 마음 깊이 다짐하면 싸우는 순간에도 언어 사용의 선택을 고민하다가 분노가 가라앉기도 한다.

여성들도 자기 남편을 "오빠!"라고 하지 말아야 한다. 아이들이 자기 아버지가 외삼촌인줄 알게 된다. 항상 '당신'이라는 존칭어를 사용하라.

배우자를 함부로 대하는 순간, 서로는 더 이상 상대방의 마음을 듣지 못하게 된다. 아픈 감정도 들리지 않는다. 이러한 일의 반복 속에서 풀리지 않은 감정은 어디론가 향해 흘러가게 된다. 잘 들어주고 이해해주는 부드러운 타인에게로 흘러가게 되는 것이다. 이것들이 가정 파탄의 주요 원인들이다. 아내들의 감정의 밑그림은 유아기 아버지를 대하는 엄마에게서 배운다. 늘 당하기만하고 눈물지으며 참아내는 엄마를 보는 자녀들은 아버지에 대한 소리 없는 적개심과 분노의 밑그림이 만들어져 훗날 결혼할 남편에 대해서도 소리 없는 적개심이 무의식속에 숨어있게 된다. 반대로 사치하고 자녀를 돌보지 않고 방치하는 엄마를 둔 자녀들은 홀로 가정을 지키며 자신들을 돌보는 아빠를 보며 엄마 곧 훗날 아내가 될 여인에 대한 여성상의 밑그림이 만들어져있는 것이다. 부부가 살아야 가정이 산다. 가정은 우리자신을 그대로 보여줄 수 있는 단 하나의 장소다.

이 땅 위의 가정 회복의 시작은 부부들이 명품으로 변하는데서 부터 시작한다.

소통 부부, 불통 부부소통이 잘되는 부부와 소통이 안 되는 부부가 만드는 가정은 어떤 모습일까? 우리 몸도 소통이 잘되는 사람은 피도 기운도 음식물도 잘 흘러간다. 몸이 불통이면 피도 거칠고, 호흡도 거칠고, 소화도 안 된다.인체는 흐름이 막히면 아프고, 통하면 안 아프다.

신과도 잘 통하면 평온하고, 단절되면 불안하다. 소통이란 이토록 중요하다. 부부간에 소통이 잘되면 만사형통이다. 그러나 불통이면 만사불통이다. 년간 11만 쌍의 많은 부부들이 갈라서는 원인도 서로 불통하기 때문이다. 불통하니까 경제적인 이유로, 성격적인 이유로, 불륜과 폭력으로 갈라서는 것이다. 우리가 청소년들을 돌보면서도 그들의 부모에게 집중하는 것은 소통이 잘되는 가정이 되면 아이들이 아프지 않기 때문이다. 애들한테 "네가 걱정이다!"고 하면 애들은 자기보다 "엄마 아빠가 더 걱정이에요!"라고 한다. 청소년 문제 해결은 부부에게 근원이 있다.

소통 잘하는 건강한 부부

첫째, 남편이 영적인데 아내가 세속적인 경우 | 아내가 영적인데 남편이 세속적인 경우. 이 경우는 서로 이야기할 소재가 별로 없다. 가수 조영남의 노래처럼 "어머니는 새벽 기도 가시고, 아버지는 아침부터 술집에 가시고…"이 부부의 그나마 대화의 공통 소재는 애들 얘기, 동네 사람 얘기, 일 얘기, 돈 얘기인데, 정작 대화 당사자인 자신들에 대한 이야기가 없고, 마음 깊은 곳에 서로 감동을 주고받는 소통이 없어 존재가 늘 외롭다. 영적인 배우자보다 의외로 세속적 배우자들이 더 외로움을 겪고 있다. 그래서 세상을 헤매고 다니며, 자기 알아달라고, 사랑해 달라고 밤낮으로 울부짖는 것이다. 취하지 않고는 불안해서 잠을 못 이루고 자기를 통제하지도 못한다. 자신이 중심에 서서 주변사람들을 돌봐야 하는데도 도리어 누군가 항상 이들을 돌봐야하는 외로운 사람들이다.

이러한 부부의 경우는 영적 배우자의 끝없는 사랑과 돌봄이 이러한 관계를 지속시킨다. 심지어 성품이 간사하며 특히 도박이나 오락에 중독된 배우자의 경우에는 영적 배우자의 특성과 성품을 교묘하게 이용하여 자기의 즐거움을 유지하려는 패턴이 이미 고질병처럼 만들어져 있다. 이런 사람들과 함께 인생을 동행하려는 배우자들은 이제 존재하지 않는다. 고통을 겪어도 깨닫지 못하고 사랑을 베풀어도 감사하지 않고 자기 마음대로 행동하고 살아가는 배우자들 때문에 한쪽이 너무 괴로운 것이다. 영성이 있는 배우자들은 이들을 통해서 신의 음성을 듣기도

하지만 한 사람으로 인하여 너무 많은 에너지를 고갈하고 있다. 끝없는 눈물어린 기도만이 이들을 닫힌 영의 세계를 열수 있다. 정말 답을 이끌어내기 어려운 가정들이다. 결혼하기 전부터 영적인 사람들은 영적인 사람들을 찾는 것이 행복한 길이냐.

둘째, 남편은 영적이고 아내는 지성적인 경우 | 아내가 지성적이고 남편이 영적인 경우영적인 사람들이 배우자의 지성을 공유해야 좋은 소통이 이루어지며 지성에서 영성으로 배우자를 인도할 수 있다. 영성은 거부하지만 인문학이나 나름대로 세상을 이해하는 자기 철학을 갖고 있는 배우자와 영성이 있어 기도는 하지만, 경전 공부와 인문학 공부가 안된 부부들은 서로 사상적 논쟁이나 지혜롭지 않은 분쟁으로 불통하게 된다. 뜨거운 영적인 사람 빌립이 지성인 나다나엘에게 예수를 진할 때 나다나엘이 나사렛에서 무슨 선한 것이 나겠느냐는 말에 빌립은 "일단 한번 와보라!"고 이 주일식의 멘트를 날렸다. 이 장면이 영적 인간과 지적 인간이 대화하는 방식이다. 우여곡절 끝에 예수를 찾아간 나다나엘을 예수는 지성에서 영성으로 끌어올린다. 이런 경우의 부부들은 영적인 배우자가 지성적인 배우자의 철학과 사고를 배우고 대화를 나눌 때 좋은 소통이 있게 된다. 지성적 배우자들은 영적 권위로 눌러서 되는 사람들이 아니다. 그들의 이성적 신념과 도덕적 가치들을 존중하고 귀 기울여 들어야 한다. 그리고 영적인 배우자는 자신이 영적인 이야기를 하고 싶을 때도 양자학 같은 이성적, 경험 과학적 접근으로 이해를 도와가며 소통의 길을 닦아놓는 것이 좋다. (창조 과학을 공부하

는 것도 좋은 방법)지적 배우자를 만난 것도 감사하고, 그 때문에 공부할 수 있게 한 배우자에게 감사해야 한다. 한 사람은 구름 타고 나팔 불 때 재림하는 하늘 이야기를 하는데, 한 사람은 인간이 세상을 사는 도덕적 실행에 대한 이야기만 피차 고집할 때, 영적·세속적 부부보다 더 고집스런 불통 부부가 된다.

셋째, 부부 둘 다 세속적인 경우 | 이 부부들은 무슨 얘기를 할까?

상상해 보라.

가장 지극히 평범한 일상의 이야기들로 가득 차 있다. 세속적이지만 의사소통이 잘되는 부부는 서로의 욕구와 사랑의 언어, 동기 가치가 같거나 서로 유사하여 잘 놀며 잘 돌아다니며 재미있게 산다.

행복해보이지만 사랑이 자기 가정의 담을 넘지 못하고 오직 나와 가족만이 최고의 가치이다. 가족이 잘 먹고 잘 놀러 다니고 잘 입고 이것이 다인 줄 알지만 세상에 영향력은 별로 기치지 못하고 그대로 살아가는 사람들이다. 지혜로운 부부는 서로의 욕구가 아주 달라도 상호 이해와 보완으로 파트너십을 나눌 줄 안다. 불통 부부는 서로 보완이나 건강한 소통을 위해 노력을 기울이지 않고 끝없이 서로 틀린 것만 말하며 사는 부부이다.

이들은 세속적이면서도 서로 방향이 틀리다. 왜 그런가하면 불통이나 갈등의 원인은 자기의 욕구와 가치에서 비롯되기 때문이다. 이러한 욕구와 가치들은 좋은 말로는 신념이고, 나쁜 말로는 똥고집이다. 일례를 들어 배우자에 대해 어떨 때 화를 내는지 생각해보자.

살림을 잘해라/ 가족들을 돌봐라/ 그만 돌아다녀라/ 시댁에 잘해라/ 음식 좀 잘해라/ 책 좀 봐라/ 애들에게 관심을 가져라/ 같이 운동 좀 하자/ 얘기 좀 하자/ 좀 치우고 살아라/ 잠 좀 그만 자라/ 불통 가정에서 서로 다투는 많은 요구들이다.

이러한 기대 속에는 숨어있는 자신만의 신념이 있다.

모든 신념에는 강력한 욕구가 숨어 있다. 이 신념을 배우자에게 강요하기 때문에 서로가 싫어지게 된다.

남편은 나만 사랑해야 한다/ 아내는 살림을 잘해야 한다/ 남편은 가족을 사랑해야 한다/ 모든 남편은 서재에서 공부만 해야 된다/ 모든 아내들은 시댁에 잘해야 한다/ 모든 아내는 음식을 잘해야만 한다/남편은 내 말을 잘 들어야 한다/아내는 애들을 살 돌봐야 한다. 등등

그러나 사람은 아무리 잔소리를 하고 내 신념을 강요해도 바뀌지 않는다. 모든 사람은 내 신념대로 행하지 않는다. 도리어 내가 원하는 바를 얻기 위해서라도 내가 먼저 기여할 것은 무엇인지를 찾아야 한다.

남편이 가족들을 잘 돌기 위해 어떻게 기여할까? 아내가 살림을 잘하기 위해서 내가 기여할 것이 무엇일까? 시댁에 잘하는 아내가 되기 위해서 내가 기여할 것이 무엇일까?를 먼저 묻는데서 진정한 소통이 열린다.

넷째, 남편과 아내가 모두 영적인 부부 | 이 부부가 부부의 이상형이다. 영적인 부부는 많은 신령한 대화와 기도로 소통하고, 서로를 깊이 신뢰하고, 경전을 읽으며 그 말씀들로 서로 깨닫고 성장해가며, 위로

하고 말씀대로 남을 위해 사랑을 베푸는 숭고한 가정이 된다. 이들에게 물질은 신을 섬기고 남을 돕는 도구일 뿐이지 숭배의 대상도 아니고 물질적인 것들로 인해 서로 다투지 않는다. 이들에게 자아란 없다. 오직 자신들을 이 세상에 내려 보낸 신의 말씀을 듣고 날마다 사랑을 실천하고 살 뿐이다. 이들의 가정에서 자라나는 자녀들은 기도하고 이웃을 사랑하는 부모를 보며 신의 존재를 경험한다. 훗날 성숙한 영적 존재로 자라나서 존웨슬리처럼 영국 사회를 구원하는 위대한 인물들로 살게 된다.

영적인 부부는 가치가 단순하다. 신을 사랑하고 사람들을 사랑하고 자기를 나누어 주며 누군가를 위해 도우며 살아간다. 인류는 이들에게서 희망을 얻는다. 우리 주변에 이런 부부들이 많다. 이름을 거론하기 어렵지만 유명 연예인들 가운데서도 이런 삶을 실천하는 부부들은 많은 젊은이들에게 참된 부부의 원형을 보여줌으로 영향력을 실천한다.

코칭

건강한 부부의 소통문화를 만드는 11가지 방안
1) 서로의 상대를 향한 요구들을 모조리 다 기록하고 기여의 방안을 찾는다.
2) 서로의 사랑의 언어를 알아보고 다름을 이해한다.
3) 자신이 항상 배우자를 칭찬할 의도가 있음을 배우자로 하

여금 알게 한다.

4) 작은 일에도 구체적으로 칭찬한다.

5) 배우자의 말에 "아, 맞아, 역시, 과연, 야아, 진짜" 이러한 감탄사들을 많이 사용한다.

6) 감정을 숨기지 말고 그대로 표현한다. 배우자는 상대가 아프다고 말하면 '많이 아파?'하고, 힘들다고 하면 '힘들지!', 속상하다고 하면 '속상하지!'라고 공감해 준다.

7) 칭찬의 타이밍을 놓치지 않는다. 고마움과 칭찬을 그 때 그 때마다 표현하는 습관은 서로에게 큰 위로의 샘물이 된다.

8) 부부 싸움을 한 뒤에 푸는 방법에 대한 문화적인 약속을 한다. 냉장고 손잡이에 손수건을 묶어놓으면 '내가 잘못했으니 마음 푸시오.' 안 풀어지면 거기에 오만 원짜리를 끼어 넣는 행동 같은 부부만의 약속을 정하고 실천한다.

9) 서로 대화를 나눌 때에도 자세에서도 최선을 다해야 한다. 상대를 향하여 몸과 얼굴을 놀리는 습관은 존경이리는 선물로 되돌아온다.

10) 말을 할 때에도 부가가치가 높은 존경과 감사가 담긴 문장으로 서로에게 말한다. 이웃들과 자녀들이 보고 배우며 건강한 부부 문화의 모범이 된다.

11) 배우자의 언어 속에 숨어있는 긍정의 의도를 읽는다. 말은 이상하게 해도 그 속에 숨어있는 긍정적인 의도를 찾아 읽는 사람은 소통의 달인이다. '여보, 나는 능력이 없는 부족한 사람인가봐' 라는 남편의 말에 '당신, 그걸 이제라도 아니 참 다행이다. 다 때려 쳐라' 이렇게 말하는 게 아니다. 그 말속에는 남편은 훌륭한 가장이 되고 싶은 데 그러지 못하는 속상함을 말하는 것이다. 의도는 상대편의 말을 뒤집어 읽으면 속내를 읽을 수 있다.

그 때 어떻게 말해야 하나? "당신이 인정받는 좋은 가장이 되고 싶은 그 마음을 하나님도 아시고 우리도 알고 있어요. 당신은 좋은 가장이 에요"

서로의 마음을 확인하는 것은 좋은 소통의 시작이다. 가장 따뜻해야 할 부부라는 공간을 외롭게 두면 안 된다. 해마다 부부들의 이혼으로 10만 명의 아이들이 가정 해체의 아픔을 겪는다. 이 아이들이 일진이 되고 관심 사병이 되는 것이다. 우리 아이들을 위해서라도 서로의 다름 을 존중하고 건강한 소통문화를 만드는 부부가 되었으면 좋겠다.

서로 다른 부부들 이해하기

"우리는 서로 틀린 것이 아니라 다를 뿐이다" 이 세상에서 정답이 없 는 문제가 있다면 부부일 것이다. 가치와 취미가 서로 다른 남녀가 만 나 부부라는 또 다른 이름으로 반백년을 살아야 한다. 긴 세월을 오 손 도손 사랑하며 행복하게'그대와 잘 살다가노라!' 하는 부부는 인간 으로서도 성공한 사람들이다. 얼마 전까지 부부는 한쪽의 일방적 권위 에 다른 한쪽의 절대 순종으로 살아왔다. 수평화 시대에 동등한 권리 를 갖게 된 다른 한쪽에서 문화 혁명이 일어났다. 생산자 중심의 남성 위주의 농경 사회에서 소비자 중심의 여성 위주의 정보산업 사회로 바 뀐 것이다. 자본 사회로의 변화가 전통적 부부상의 붕괴를 가져왔다. 남성들은 주로 주말이나 야간에 경제 활동을 하지만, 긴 낮 시간의 경 제 활동은 주로 여성들이 한다. 모든 백화점이나 음식점들도 여성들의 성향에 맞추지 않으면 설 곳이 없다. 남성들은 이러한 사회 문화적인 여성 위주의 급격한 변화를 알고 있지만 인정하고 싶지 않을지도 모른다. 부부에게도 요구되는 이러한 도전 앞에서 남편들이 마지막 남은 근육의 힘, 주먹 하나를 의지하고 살기엔 이 시대는 남자들이 너무 무력하다. 팔십 넘은 할아버지들이 아침에 또 눈떴다고 할머니들한테 하도 맞아서 아침마다 눈을 떠야 될지, 말아야 될지 고민한다는 이야기들은 이미 남성들의 저물어가는 권위 구조를 보여주고 있다. 수 천년 동안 눌려있던 여성들의 사회화와 자기 계발, 자아실현 욕구가 가정을 지키는 등불로서 여성이 아니라, 존엄성을 가진 한 인간으로서의 당당한 여성들을 만들어 놓은 것이다. 남편들은 엄마와 다른 아내들을 보면서 당황하고 혼란에 빠졌다. 그러나 아내늘은 여선히 당황하는 남편 때문에 집 안 밖에서 다른 얼굴을 가져야 할 때 힘들어한다. 이 시점이 부부 코칭이 필요한 시점이다. 일 년에 수십만 쌍이 해체되는 부부 문제는결코 단순한 사안이 아니다. 몸과 마음이 아픈 애들의 대부분 시발점이 엄마, 아빠이기 때문이다. 부부로서 잘 살아간다는 것은 서로 다름을 인정하는 것으로부터 시작한다.

진단

지금부터 열거하는 두 패턴을 자기 부부에게 적용하면서 진단해보자.

부부간 서로 다른 성향들 진단하기

배우자와 함께 자신이 해당되는 것에 체크해보자.

1. 정이 많다 /차갑다

2. 정리 정돈을 잘 한다/ 잘 안 치운다

3. 치약 중간에서 짠다/ 밑에서부터 짠다

4. 쇼핑을 좋아 한다/ 검소하다

5. 치장을 좋아 한다/ 수수하다

6. 돈을 잘 쓴다/ 절약 한다

7. 육류를 선호 한다/ 채식을 좋아 한다

8. 사람을 좋아 한다/ 혼자 있는 것을 좋아 한다

9. 성행위를 좋아 한다/ 싫어 한다

10. 책을 좋아 한다/ 그다지 좋아하지 않는다

11. 사색하는 것을 즐긴다/ 운동을 좋아 한다

12. 집에 손님을 끌고 온다/ 남의 집도 안 간다

13. 여행을 좋아 한다/ 돌아다니는 것이 귀찮다.

14. 여행가기 전에 지도를 펴놓고 코스를 계획 한다/그냥 일단 가서

　　　돌아다니다가 즉석에서 결정 한다

15. 먹는 것이 중요하다/ 그냥 때우면 된다

16. 조용한 곳을 좋아 한다/ 사람 많은 곳을 좋아 한다

17. 음성이 차분하고 조용하다/요란하고 크다

18. 말이 많다/ 말수가 적다

19. 정직한 편이다/ 거짓이 많다

20. 남을 잘 챙긴다/ 자기 것만 챙긴다

21. 화를 잘 낸다/ 잘 참는다

22. 이해심이 넓다/ 속이 좁은 편이다

23. 선물하기를 좋아 한다/ 안 받고 안 주는 편이다.

24. 집안에 사물이 어디에 있는지 다 안다/기억을 못한다.

25. 생존형(먹고 자고 자기 몸만 위하는)이다/ 문화형(꿈과 자기 계발, 관계
    중심)이다

26. 감정에 따라 결정 한다/ 생각으로 결정 한다

27. 남의 말을 잘 듣는다/ 안 듣고 혼자 결정 한다

28. 충고를 잘한다/ 그냥 내버려 둔다

29. 하고 싶은 것을 말 한다/ 그냥 담아둔다

30. 폭력적이다/ 비폭력적이다

31. 이벤트를 잘해준다/ 아무것도 안 한다

32. 일을 잘 한다/ 게으르다

33. 책임을 진다/ 회피 한다

34. 약속을 잘 지킨다/ 수시로 바뀌는 권모술수 형

35. 부드러운 언어를 쓴다/ 거친 말들을 쓴다

36. 궁금한 것이 많다/ 몰라도 그냥 묻지 않는다

37. 혼자서 알아서 잘한다/ 시켜야한다

총40문항에서 30문항 이상이 다른 부부들은 상호 갈등이 많은 부부들이라 서로 일과 삶의 균형 잡힌 조화를 위해 부부 문화 십계명을 만들고 지켜야한다. 이 부부는 두 사람만의 부부 코칭이 필요하다. 20~30문항 사이의 부부들은 갈등은 있으나 크게 다투지 아니하고, 보완하거나 인내하기가 쉽기 때문에 부부 학교 교육만으로도 화목을 도모할 수 있다. 20문항 이하의 부부들은 다름을 서로에 대한 탐구 과제로 삼고 배우자를 공부하면 좋겠다. 부부간에 다를수록 자신의 배우자가 자신에게 안 맞는 사람이 아니라 단지 다른 것이 많은 사람이라는 것을 이해하고 인정하는데서 부부 문제 해결의 출발선을 두어야한다. 성격 차이로 갈라서는 사람들이 년 간 약 4만 명에서 6만 명 정도가 되고 통계되지 않는 부부는 얼마나 더 많을까? 성격은 싸움의 대상이 아니라 극복해야할 대상이다. 부부들이 성향 진단, 다름에 대한 이해, 다름을 인정하는 지혜로 가정들을 지켜나가는 자세를 보일 때에 아이들이 안심하며 자라나게 될 것이다.

서로 다른 사랑의 언어

| 부부의 사랑의 언어 진단하기 |

앞 장에서는 부부끼리의 다른 성향을 진단했다. 이제는 사랑의 언어를 진단한다. 언어에 대한 진단은 서로 다른 방식으로 사랑하는 언어를 이해하는 것이다. 우리 가정들은 사랑과 쉼, 평안과 위로의 공간을 물질과 성공이라는 자본주의의 가치들에 자리를 내주었다. 가정은 전투 사령부가 되었고, 가족들은 항상 전쟁을 치루는 군인들 같다. 부부끼리도 사랑하고 좋아해서 만나고 결혼했는데,

결혼 이후에 함께 만들어가야 할 부부의 비전이 없다. 그냥 세월이 가면서 발생되는 대로 일하면서 살아간다. 뜨거운 옥시토신분비도 멈추고, 서로 애틋한 그리움도 메마르고, 어떤 때는 농불저럼, 어넌 때는 기계처럼, 영혼 없는 부부로 살아간다. 부부는 서로 사랑을 해도, 젊은 날 연애하듯 그런 형태가 아닌 보다 넓어지고 깊어진 사랑을 해야 한다. 눈빛만으로도 아는 이해와 부드러운 말의 다정함으로 성숙해져가야 한다.내게 상담 온 한 여성이 있었다. 남편에게 짜릿짜릿한게 사라져서 재미없다고 하며, 어디 가서 불타는 사랑을 받아보았으면 좋겠다고 상담했는데, 나중에 남편이 음독으로 세상을 떠났다. 그 남편이 써 놓은 유서에는 아내를 향한 눈물어린 사랑이 줄줄이 남아있었다. 부인은 오열을 했다. 그렇게 서로 좋아했는데도, 왜 한 가지 짜릿한 것만 원했을까? 얼마나 많은 부부들이 함께 있을 땐 모르다가 헤어지고 난 뒤에야 그것이 사랑이었음을 발견할까? 얼마 전 모 방송에서 어떤 부

부를 코칭했는데, 이 분들은 어렵게 고생하면서 가정을 일구었는데 부인이 아주 강한 D형여성이다. 남편을 쥐 잡듯이 잡지만 남편은 잘 참아낸다. 그러다가 계속해서 쌓이면 드디어 폭발하고 전쟁이 시작 된다. 하도 치고 박고 싸움을 하는데, 남편은 부인을 조폭이라고 하고, 부인은 남편을 멍청이라고 한다. 필자도 좀 거친 표현을 쓰면서 코칭했다. 진짜 무식하게 사랑하는 부부라는 느낌을 받았다. "당신네 부부를 다른 사람들이 보면 어떤 부부라고 불러요?" 물었더니 '의리 있는 부부라고 해요'. 두 분 다 이견이 없었다. 나는 깜짝 놀랐다. 그때 브래드피트와 졸리가 주연한 영화 〈Mr.Smith &Mrs.Smith〉가 떠올랐다. 서로 총 쏘고 칼을 집어던지고, 주먹으로 패고, 다 싸운 뒤에 키스하고, 갈빗대 두 대 나갔다니까 붕대로 싸매주고 또 싸우는 부부. 이 부부가 그런 분들이었다. 사랑하면서도 사랑하는 줄 모르고, 사랑하면서 사랑할 줄 모르는 부부들. 정작 말 한마디, 표정 하나에 사랑의 조각조차 없이 싸우며 사랑했던 것이었다. 이 부부의 사랑의 언어를 진단했다. 일을 좋아하는 아내는 일을 같이 할 때 사랑받는다고 생각하고, 사교적인 남편은 아내와 같이 있으며 인정의 말을 들을 때 사랑받는다고 생각했다. 부인은 아내와 함께 있고 싶은 남편더러 "뭘 앉아 있어, 빨리 거래처에 물건 갖다 주고 와"하고 배달 갔다 온 남편은 아내에게 "당신도 힘들지!"라고 위로해 주려고 하면 "힘 하나도 안 드니까, 쓸데없는 소리 말고 한 군데 더 갔다 와"고 한다. 이토록 사람들은 사랑하는 표현방식이나 사랑의 언어가 각기 다르다. 중국에서는 "我爱你!"라고 해야 한다. 중국 사람을 사랑하는데 아무리 우리 말로 "사랑해!"라고 말해야 모른다. "워 아이니!"라고 말해줘야 알아듣는다. 사랑한다고 말을 들을 때 사랑받는 느낌이 드는 사람도 있지만, 꽃이나 선물을 받을 때 사랑받는 느낌이 드는 사람들도 있다. 반대로 꽃 사들고 와서 욕먹는 남편도 있고, 밥은 안주고 "자기야, 오늘 저녁은 시켜먹자 아앙 응? 응?" 아양만 떠는 아내를 미워하는 신랑들도 많다. 그는 애교에서보다 음식에서 사랑을 받기 때문이다. 이렇게 사람마다 사랑받는 느낌은 모두 다르다. 이제 서로 다른 사랑의 언어를 부부가 함께 진단해보시기 바란다.

진단

게리 채프먼은 이 사랑의 언어 진단을 다섯 가지 영역으로 나누었다. 함께 진단해보자. 부부끼리 해당되는 영역에 동그라미를 그려본다.

1. 나는 일을 같이 할 때 사랑받는다는 느낌이 든다.
2. 나는 인정과 칭찬받는 말을 들을 때 사랑받는 느낌이 든다.
3. 나는 선물이나 이벤트 같은 것을 해줄 때 사랑받는 느낌이 든다.
4. 나는 옆에 같이 있어주고 스킨쉽이나 내 말을 들어줄 때 사랑받는 느낌이 든다.
5. 나는 요리나 청소, 다림질이나 마사지같은 봉사를 해줄 때 사랑받는 느낌이 든다.

출처 / 게리 채프먼, 〈사랑의 언어〉

부부께서는 서로에게 어떤 때에 사랑받는 느낌이 드는지 물어보고 확인하라. 서로 사랑이 식은 것이 아니라, 표현 방법이 다른 것을 몰랐을 수도 있다. 이제부터 부부가 서로가 원하는 방식으로 사랑의 언어를 적용해보면 어떨까?

네 종류의 부부들

나는 남편들은 남성적이고 아내들은 여성적이라는 여러 신체 뇌 과학적 이론은 근본적인 이해에 잘 맞지 않는 경우가 많다고 생각한다. 남자들은 시각적이고 여성들은 감각적이라는 표현도 맞지 않다. 남자라고 한가지에만 몰입해서 여러 개를 못한다는 말도 틀리다. 멀티 기능을 가진 남성들이 얼마나 많고, 도리어 한 가지만 해야 하는 여성들도 너무 많다. 이것은 근본적으로 남녀가 성性의 문제가 아니라 그들이 가지고 나온 선천적인 성격 지도가 다르기 때문이다. 그래서 부부 이전에 사람으로 이해해야 한다.

이것이 어려운 것이다. 하나님이 남자를 만드시고 그가 홀로 사는 것이 좋지 않게 보이셔서 그를 깊이 잠들게 하시고 그의 갈빗대 하나를 취하여 여성을 만드셨다고 성서에는 남녀의 출발을 알리셨다. 그리고 여성을 남성을 돕는 배필로 지으셨다고 했다. 여성이 돕는다고 하니까 남성이 띨띨하고 모자라서 도우라는 것이 아니라 일에 대한 역할 분담으로 이해해야 한다. 우리가 남자답다 남성이라고 표현하는 것은 남성 호르몬들이 그렇게 만들어가는 것이다. 남성이라는 말은 씩씩하고, 용감하고, 도전적이고, 책임감도 강하고, 활동적이며, 화도 잘 내고, 싸움도 잘 하고, 힘도 세고, 목청도 크고, 사소한데 목숨을 걸기도 하고, 뻥도 세고 보편적으로 외향적인 경향을 드러내는 것을 말한다. 그러나 반대로 여성스럽다는 말은 부드럽고, 상냥하고, 눈물도 많고, 정도 많고, 공감도 잘하고, 거짓말도 잘하고, 삐치기도 잘 하고, 몸도 작고, 연약하고, 보편적으로 내향적인 경향을 띠고 있다고 생각한다. 물론 통계적으로 보면 이렇게 남녀를 나누어 보는 것이 많은 공감적인 요소가 있다. 그러나 중요한 것은 두 남녀가 결혼한 뒤에 유전자의 결합이 생긴다는 것이다. 아들을 낳았는데 무조건 남자답고 딸을 낳았는데 무조건 여성스럽지 않다는 것이 부부의 이해를 위한 중요한 포인트가 되어야 한다. 순열로만 보아도 남자와 여자의 결합은 남사나운 님자와 여성스러운 남성, 여성다운 여성과 남자 같은 여성들로 둘에서 넷으로 확장된다. 실제로 남자인데도 성격이 여성스러운 사람들과, 여자인데도 남자 같은 여성들을 보면 남녀 이론이 적용하기가 어렵다. 여기엔 새로운 상호 이해의 패러다임쉬프트가 있어야 한다. 남자 같은 남편과 여성스러운 아내가 사는 가정인가? 남자 같은 남편과 남자 같은 아내가 사는 집인가? 여성스러운 남편과 남성스러운 아내가 사는 집인가? 여성스러운 남성과 여성스러운 아내가 사는 집인가? 이 도표가 부부를 이해하는데 좀 더 정확한 지도이다. 남성스러운 남편과 여성스러운 아내가 사는 집은 어떨까? 강의 중에 무수한 사람들에게 물어봐도 이 가정을 제일 무난하다 라고 말한다. 여성은 여성스러워 강한 남성이 보호

본능을 느끼며 아껴주고 사랑스럽게 여길 요소가 많다. 우리들이 헐크나 킹콩. 어떤 만화 영화를 보아도 대부분 강한 남자와 아름답고 연약한 여성의 만남을 볼 때, 가장 편안함을 느끼는 것도 이것이 부부의 원형이기 때문인 것 같다. 여기서는 남성들은 멀티태스킹을 하는 슈퍼맨과 같은 전지전능 형으로 확고한 남성의 자리를 갖고 있으며 여성들도 그렇게 거칠고 힘든 영역을 가려하지도 않고 살림하며 쇼핑하고 책을 읽으며 내조하는 즐거움으로 사는 여성들은 전적인 기본적인 가정이 된다.

남성스러운 남편과 남성스러운 아내가 만나서 사는 집은 어떨까? 나는 방송프로그램에서 이혼 위기에 놓인 가정들 중에 대부분 여성들이 남성화되어 있는 가정들이 더 많은 갈등을 겪고 있는 것을 경험한다. 이 여성들은 밖에서 일하기를 좋아하고 직장에서도 남성보다 더 뛰어난 업무 추진력과 분석력을 갖고 있고, 개인적으로는 자기 성취와 자기계발, 관계의 증진 등 다양한 사회 활동을 하고 있다. 남성 성향을 갖고 있으므로 가사나 육아, 남편에 대한 내조라는 개념보다는 더 뛰어난 경제활동 덕분에 남성들에게 가사와 육아 및 외조를 강요하는 탁월한 능력 있는 여성들이 여기에 해당된다. 그러나 남성 남자와 남성 같은 여성이 부부로 사는 가정의 남성들은 외조를 하지 않는다. 도리어 주도권을 자신이 쥐고 남자 같은 아내에게 여성스러움을 더욱 강요하기 때문에 많은 분쟁이 일어난다. 이 가정의 남성들에게 일을 뛰어나게 잘하는 탁월한 여성은 아내가 아니라, 남성의 권위와 자존의 영역을 부쉬버리는 경쟁자로 인식하기 때문이다.

세 번째는 여성스러운 남편과 남성스러운 아내가 만나 사는 경우이다. 많은 사람들에게 물어보면 이 집도 괜찮을 것이라고 말한다. 아내가 바깥 일을, 남편이 안의 일을 해도 서로의 성향이 반대이니까 잘 어울린다. 실제 현대화된 사회 속에서 치열한 사회 경쟁을 뚫고 입시와 입사의 과정을 넘어 회사에서 주어진 업무를 감당하기엔 너무도 유약해지고 무능한 남성들도 많다. 이들은 상사가 두렵고 새로운 프로젝트들이 두렵고 결과를 내지 못할 때 다가올 책임들이 너무 버거운 사람들이 많다. 군대에서도 모든 것을 다 알아서 해주는 강력한 슈퍼 마미에게서 자라난 아이들이 강한 훈련과 신체적 정신적 압박을 견디지 못하여 관심 사병 소리를 듣는 군인들이 여성화된 남자들이다. 반대로 여군 입대는 증가하는 편이다. 여성스러운 남성들은 사회 경제의 주체가 되고 가정까지 책임을 지기가 너무 힘들뿐인데 남성화된 강력한 슈퍼 와이프로 인해 편안함을 느낀다.

2009년도 우리나라의 재혼율 통계를 보면 초혼녀와 재혼남이 4.6%, 재혼녀와 초혼남이 6.3%인 것이 재밌다. 결혼을 처음 하는 남자들이 이미 결혼을 했던 여성과 결혼을 하는 데에는 그녀들에게서 징징대고 삐치는 처녀들보다 이해심 깊으면서도 따뜻하고 알아서 다 챙겨주는 어머니의 사랑을 느낀 남성들이 더 많다. 라는 사회적인 현상으로 볼 수 있다.

마지막으로 여성스러운 남편과 여성스러운 아내가 만나서 사는 가정은 아마도 상당히 피차 부드러운 언어와 생활 환경이 온화하다. 아이들도 다정다감한 아빠와 사랑 많은 엄마 사이에서 행복감을 느끼기 충분하다. 서로 강압적이지 않으며 상대에게 과도한 요구를 하지 않는 민주성이 있다. 또한 감성적인 가정 문화를 만들어가는 나름의 배울만한 많은 가정 문화가 있다. 단, 결단을 내려야 할 때, 혹은 외부적인 충격이나 도전이 들어올 때 대응하는 힘이 약하여 자칫 한순간 망가질 수 있는 위험성이 있고 부부가 너무 유약하여 미래에 대한 방향성이나 결단을 내려야하는 상항에서 방황할 수 있다.

이렇게 부부간에도 남성과 여성으로만 결합된 부부 패턴으로만 이해하기엔 다양한 성격적 요소나 선호하는 것들이 더 깊고 넓은 사회에서 부부에 대한 이해도 더 넓게 보아야 한다.

이제 진단을 마쳤으니 그러면 어떻게 건강한 부부 관계를 만들어 갈 수 있을까?

부부 싸움의 기술

나는 텔레비전 부부 문제를 다루기 위해 그들을 만날 때마다 부부들에게서 도전을 받은 것이 많았다. 우리나라에서는 부부 문제를 풀어나가는 교육도 없거니와 매뉴얼이 없다. 그래서 많은 부부들이 서로에게 민감한 부분들이 워낙 많은 데 어떻게 지혜롭게 풀어야 할지 잘 모른다. 그 분들 입으로 직접 들어 봐도 이럴 때 어떻게 해야할지 모르겠다는 부부들이 너무 많았다. 조심스러운 사안들이 많기 때문에 함부로 누구에게 상의하기도 그렇고 이럴 때 속 시원하게 처방할 수 있는 매뉴얼이 있으면 좋겠다.라는 말들을 한다.

모든 경우의 수가 다르기 때문에 수학 정석마냥 한 가지만 대입하면 답이 나오는 문제들이라면 얼마나 좋을까? 그러나 부부는 누구도 모르는 속내들이 너무도 많다. 그래서 100%짜리 정답은 없다. 단지 가장 소중한 원칙과 부분적인 인간에 대한 존중을 기반으로 사소한 것이라도 조심스럽게 상대를 대하는 매뉴얼을 만들면 어떨까 해서 한번 제안해본다.

나는 자동차를 몰 때 운전과 사고에 대한 한 가지 철학이 있다. 타인으로 인하여 일어나는 사고야 어쩔 수 없지만 내 자신이 하는 것이라면 천천히 조심해서 운전하면 안전 운전을 할 수 있다. 속도를 늦추고 전후좌우를 잘 살펴 천천히 운전하면 좁은 길에서도 잘 나갈 수 있다. 지하 주차장으로 내려가는 굽은 길에 벽들에 그려져 있는 차량이 긁은 자국을 모두 빨리 가서 그렇다. 남의 이목 신경 쓰지 말고 천천히 조금씩 조심해서 운전하면 값비싼 지출을 막을 수 있고 이런 습관은 대형 사고를 예방한다. 이것은 오랜 세월동안 빠르게 급하게 운전해서 경제적 손실을 입었던 내 경험의 결과다. 고통이 밥줄이다.

공을 아무리 잘 던지는 초일류 투수라도 실제 경기에 출전하지 않는 기간이 길면 실전 감각이 떨어진다. 공을 던지는 감각이 몸에 익혀질 때까지 그들도 많이 맞고 실점을 한다. 고명한 의사일수록 많은 사람을 죽인 사람들이다.

옛날에 이태원 상인들을 모아놓고 사람의 성향을 알아차리고 대응하라는 강의를 한 적이 있었는데 이들은 고객의 목소리만 듣고도 많이 사갈 사람, 짜증나게 고르기만 하다가 그냥 갈 사람 등을 알아차린다 한다. 실전이다. 이론을 몰라도 오래 경험하면서 만들어진 나름대로의 생존 전략이다.

다른 사람들보다 많이 질병으로 고생을 한 사람들이 몸에 대해서, 약에 대해서 전문가들이다. 다른 사람들보다 많이 싸운 부부들이 부부 문제의 전문가이다. 그런데 이 부부 문제는 자신들이 전문가이면서도 프로 냄새가 나지 않는다는 것이 아이러니하다. 바둑에서도 프로들은 타협을 잘한다. 대마 사냥을 하다가 조금 무리가 오면 집 승부로 판을 다시 짜고 많이 이기려하지 않는다. 한집을 이기나 백 집을 이기나 한 판 이기는 것은 똑같다. 그래서 무리하지 않고 큰 모험을 하지 않는다. 고수일수록 수비도 잘하고 판을 까는 포석부터 중반 전투와 마무리까지 마치 한편의 인생 드라마를 보는 것 같다. 이를 인생 설계라고 불러도 될 것 같다. 부부들도 이러한 포석 곧 결혼 초기부터 아이들이 성장하는 중반 전투기인 중년, 마무리의 노년에 이르기까지 설계를 잘 짜야 한다. 제일 위험한 때가 중반 전투이다. 한번 잘못 싸우면 포석이고 뭐고, 머릿속에 그려놓은 모든 설계들이 일순간 날아 가 버린다. 잘 싸워야 한다. 안 싸우는 것이 잘하는 것이 아니다. 나는 싸우지 않지만 서로를 소 닭쳐다 보듯 하는 부부를 많이 보아왔다. 그들은 함께 사는 남남이었다. 배우자의 감정이나 아픔에는 피차 관심이 없으면서도 싸우지 않는다. 어떤 부부들은 아주 목숨 걸고 치열하게 싸우는데 이골이 났는지 서로를 건드리지 않는다. 이것이 싸움의 좋은 결과물이다. 피차 좋아 하는 것과 싫어하는 것이 무엇인지를 알기 때문에 건드리지 않고 조심한다. 또 싸우게 될까봐. 싸움을 통해서 부부는 왜 저 사람이 저렇게 심하게 화를 내는지 그 이유를 알게 되고 그 원인이 그 사람내면에 숨어있는 상처나 부끄러운 것들이 숨어있는 것을 발견하게 된다. 이것이 부부다. 서로를 알아가는 것이 부부로서 일생을 살아가는 소중한 가치이기도 하다. 나를 가장 잘 아는 사람이 한 사람 있다는 것이 얼마나 위대한 자산인가? 외로워 죽는 사람들은 이 한 사람 얻지 못해서 자살하는 것이다. 싸워서 얻는 결과물을 좋은 열매로 만들어 내려면 잘 싸워야 한다. 좋아서 결혼했는데 왜 서로가 헤어질 만큼 싫어졌을까? 싸움의 방향을 잘못 설정했기 때문이다. 부부싸움에서는 승자가 없다. 당사자, 자녀들, 양가 가정들까지 모두 공동의 피해자들밖에 없다. 부부 싸움에서 이겨서 무엇을 얻는가? 상처뿐인 영광인가? 이긴 사람도 아프고 패배한 사람도 가슴속에 상처를 쌓아놓는다. 그리곤 훗날 배우자의 실수 때, 가차 없이 보복을 가하고 상처를 입힌다. 서로 다른 남녀가 가장 가까이 살아야 한다는 것이 결혼의 미스테리이다. 부부는 싸우지 아니할 수 없다. 그래서 잘 싸워야 한다.

싸움을 위한 몇 가지 전제 조건이 있다. 링 위에 오르는 권투 선수들도 상대의 급소나 공이 울린 뒤에 공격을 가하거나 머리로 들이받는 버팅 같은 것을 금지시키고 시합에 올린다. 무조건 상대를 때리는 것이 아니다. 더구나 부부는 권투 선수도 아닌 사랑하는 사람들이다.

부부가 평온할 때에 미리, 싸울 때에도 지켜야 할 것들을 약속해야 한다. 이 약속을 자녀들과 가족들 앞에서 서약을 하면 더 효과적으로 지킬 수 있다. 물론 열 받아 악이 받쳐서 싸우는데, 누가 그런 약속을 몇 명이나 지키겠냐고 생각할 수 있지만 싸움이 끝나고 난 뒤에 약속 이행 못한 것에 대한 명확한 보상을 해야 한다. 이러한 작은 습관들이 싸움을 지혜롭게 만들며 비온 뒤에 땅이 굳듯이 더 서로를 깊이 이해하고 배려하는 습관을 만들어 낸다.

평온할 때에 부부 싸움 서약문을 만들라.

반드시 문장으로 남겨두고 가족이 평온 할 때에 모든 사람들 앞에서 선서를 하면 좋다.

싸울 때의 6가지 준수 사항

1. 시댁이나 처가 식구들 즉 가족을 욕하지 않는다 | 비록 싸움의 발단이 시댁 식구들이나 처가 식구 때문에 생겨도 그 때 마음속에 숨겨놓았던 다른 기분 상했던 말들을 끄집어내기 쉽다. 이 때 배우자들은 더 큰 상처를 입고 감정적인 폭발을 일으킨다. 평소에 시댁이나 처가가 한쪽의 경제력이나 사회적인 지위 같은 것의 불균형은 함께 살아가는 동안 여러 가지 형태로 부부간에 드러나게 되어있다. 딱히 드러내어 말하지 않는다 해도 다양한 비언어나 생활양식으로 이러한 불균형이 나타난다.

실상이 그러하니 한쪽도 참아내며 살지만 자기 때문에 가족까지 우스운 사람들로 취급받는 것은 죽기보다 싫은 일이다. 우리나라 사람들의 일번 자존심이 여기에 있다. 가족에 대한 멸시나 비하하는 말은 씻을 수 없는 상처를 남긴다. 어떤 아들이 자기 때문에 부모가 가난하고 배우지 못한 사람들이란 소리를 아내로부터 듣는 것을 용납할 사람이 누가 있는가? 어떤 아내가 자기 때문에 친정 부모와 형제들이 경멸의 대상이 되는 것을 누가 참아 낼 수 있는가? 아무리 싸움의 원인이 상대 가족이 발단이 되어도 욕하지 않고 사실만 말하며 진위만 파악하라.

2. 값비싼 물건은 부수지 마라 | 싸울 때 눈이 뒤집혀지면 이미 이성적으로 통제 불능 상태이다.

이 때에는 배우자가 아끼는 물건들을 부숴서 아주 그를 아프게 해주고 싶은 마음으로 물건을 집어 던지거나 부수기도 한다. 결론은 싸움이 끝나고 난 뒤에 자신들의 귀한 추억과 노동의 댓가로 구입한 고가의 물건들이 사라진 뒤에 후회한다. 싸울 때에 잘 던지는 부부들은 평소 잘 싸우는 공간에 던지기 쉽고 깨지거나 망가지지 않는 물건들로 잔득 쌓아놓는 것이 좋다. 일테면 신문이나 종이를 뭉쳐놓는다든지 정조준이 잘 안 되는, 던질 때 다른 곳으로 날아다니는 것들을 집어던지게 한다. 자주하는 싸움 때문에 고가의 물건을 부수는 부부는 반드시 경제적으로 망한다.

3. 쌍욕을 하지 않는다 | 말이란 것은 입에서 나와 자신과 상대방의 귀

로 들어가는 것이다. 평소에는 '여보, 자기야,' 하다가 '야 이, 개새끼야, 너하고 안 살아!' '야 이, 미친년아. 당장 꺼져버려!' 등 기본적인 욕만 들어도 한번 들은 거친 말들은 상대방속에 숨겨놓은 배우자에 대한 인식을 깨우쳐준다. 아 저 사람이 저런 게 속에 숨어 있었구나.를 발견 할 때에 더 좌절하고 슬퍼진다. 이 때에는 분노의 단계에서 우울과 절망의 단계로 급전환하게 된다. 데이비드 호킨스는 분노가 가진 에너지의 과학적 수치를 150룩스로 그나마 나쁜 감정들 중에서는 밝은 에너지로 분류했는데 슬픔이나 절망은 50에서 75룩스로 어둡고 탁한 것으로 분류했다. 분노는 발산하면 풀리지만 슬픔이나 우울함은 좀처럼 밝아지지 않는 강력한 것들이다. 쌍욕 속에 숨어있는 존재에 대한 경멸은 금이 간장독을 만드는 아주 나쁜 행동들이다.

싸울 때에도 말은 가려서 해야 된다. 이러한 이성적인 조건들은 훈련을 통해서만 만들어진다. 어쩌다 싸우는 부부들은 이런 말하기도 쑥스러워 별탈이 없지만 자주 격하게 싸우는 부부들은 피차간에 장바닥에서 술 먹고 싸우는 사람들처럼 싸우기 때문에 언어에 대한 훈련을 평소에 연습해야 된다. 예를 들어 '야이,'하고 쌍욕의 앞의 말이 나왔을 때 우리 뇌가 그 말 다음에 다른 말이 나오도록 욕과 다른 말을 붙이는 훈련을 해야 된다는 것이다. '야이, 라고 한 뒤에 에혀, 진짜. 거시기, 된장, 짜장면, 원숭이, 바나나, 반달곰. 미류나무, 등잔불, 군고구마나 먹자.' 이런 언어들을 붙여서 말하는 훈련을 해야한다. 별것 아닌 단어의 나열 같지만 실상은 시골 풍경을 떠올리고 고향에서 어린 시절

원숭이 보러 동물원이나 약장수, 미류 나무, 개울가에 물고기 잡이, 화톳불에 먹던 군밤이나 아궁이의 고구마 등으로 싸움의 영역을 평화의 공간으로 바꿔치기 하는 기법이다. 말이 주는 파워를 경험해야 한다. 긍정의 언어는 상대의 긍정 에너지장을 건드려 기분을 좋게 만들어 준다. 그러나 부정적인 언어는 상대의 감정 체계를 건드려 기분을 나쁘게 한다. 어떤 언어를 선택할 것인가는 자신의 지혜로운 인생을 만드는 정신이다.

4. 싸우기 전에 오늘은 주제가 무엇인지 끝나고 나면 무엇을 얻을 건지 총 소요 시간은 얼마쯤 걸릴 것인지 정하고 싸워라 | 아마도 어떤 분들은 아니 눈이 뒤집혀 갑자기 소리 지르고 싸우는데 누가 이런 것을 하고 싸우는 사람이 어디에 있느냐고 말할지도 모르겠지만 이런 것들을 사진에 정해놓으라는 것이다. 이런 것들이 가정의 건강한 부부 문화를 만들고 자녀들도 민주적으로 싸우는 엄마아빠의 승자를 맞춰보면서 부모의 싸움 때문에 하늘이 무너지는 불안감을 경험치 않게 해준다. 오늘 싸움의 주제와 소요 시간 싸우는 방법을 정하고 그 소요 시간이 지나면 회기 연장 동의를 구하던지 아니면 다음으로 미루던지 약속을 지켜야 한다.

5. 서로의 학력이나 외모를 말하지 마라 | 외모는 그 사람이 그렇게 태어나고 싶어 나온 것이 아니기 때문에 본인이 책임질 것이 아니다.

학력도 모든 사람에게 지식과 학위가 필요한 것이 아니다. 노를 젓는 뱃사공은 노를 잘 저으면 되지 그에게 박사 학위가 필요 없다. 또한 공부하기 싫어하는 사람들에게 학력이라는 잣대로 상대를 판단할 수 없다. 그들은 공부보다 더 좋은 것들이나 재미있는 세계를 알기 때문에 이 세상의 통념으로 상대를 얽어매면 안 된다. 나에게 중요한 것이 배우자에게 중요치 않은데 그것을 상대에게 없다고 해서 "못생겨 가지고, 배우지도 못한 것"이라는 말들을 사용하면 안 되는 것이다. 선천적으로 가지고 나온 것은 본인도 쉽게 해결하지 못하는 운명적인 것들이 많다. 그러한 변하지 않는 것들을 가지고 인격적 모욕을 주지 말고, 더 중요한 것은 오늘 싸움을 하는 이유가 무엇인지, 어떻게 해결해야 좋은지를 찾는 것이 중요하다.

6. 배우자의 몸에 대해 말하지 마라 | 여성들이나 남성들도 나이가 들면 상당히 많은 신체의 변화가 일어난다. 여성들은 임신기에 일어나는 신체의 변화를 남편이 이상하게 보는 것 때문에 충격을 받는다. 나이가 들수록 인체는 근육량은 사라지고 지방질들이 늘어난다. 여성들도 결혼초기의 호리호리하고 아름다운 몸매는 사라지고 통통한 뱃살로 뒤덮여진 몸을 갖고, 남성들도 윗배, 아랫배가 나오고 하체는 가늘어지며 여기저기 병들이 생겨난다. 본인도 얼마나 자신들의 몸에 대해 스트레스가 많을까 운동등과 같은 것으로 충분히 해결 할 수 있는 것들을 해결 안하고 이상한 별명들을 지어놓고 상대의 몸을 흉보는 것은 배우자에게 더 많은 폭식이나 잦은 분노를 통하여 자신을 학대하게 한다. 악영향이 일어나는 것이다. 살이 많이 찐 통통한 사람들에겐 친구가 필요하다. 그를 데리고 나가서 여기저기 구경도 시켜주고 작은 활동을 지속

적으로 하게 하는 것이 더 악화되지 않게 하는 일이다.

자 이제 싸우기 전에 주의 사항과 규칙을 세웠으면 서로 지킬 것을 맹세하고 본격적인 전투로 들어가기로 한다.

다시 말하지만 부부 싸움에서 승자는 없다. 모두가 윈윈하도록 잘 싸워서 서로를 더욱 깊이 이해하고 건강한 가정을 만들기 위함이 목표이다.

싸우는 기술을 익히도록 하자

부부 싸움의 교본

제일 많이 싸우는 주제부터 다룬다. 2015년노 이혼 사징이 110,000 쌍이었다.

그 중에 경제 무능력으로 인한 분열이 33%, 성격 차이와 폭력 32%, 배우자의 외도나 불륜등이 31%정도였다. 제일 많이 싸우는 이유가 돈, 성격과 폭력, 외도 그리고 시댁이나 처가와의 갈등 등의 순서로 될 것 같다.

돈

돈은 오랜 세월동안 인류의 지배해왔다. 돈으로 할 수 있는 일들이 많고 삶을 윤택하고 즐겁게 해주는 면에서 또 원하는 것을 이룰 수 있는 중요한 도구이기 때문이다. 또한 돈이 있으면 몸으로 하는 고생들이나 다른 사람 밑에 들어가 일하지 않아도 되고, 자연히 남으로부터 오는 스트레스도 없고, 좋은 주거 환경과 건강한 먹거리, 편안한 생활을 영위할 수 있고, 아플 때에도 돈 있으면 양질의 치료를 받으며, 사람들도 부러워하게 되니까, 많은 사람들이 누리고 싶어 하는 권력이 바로 돈이다. 돈 없으면 사는 게 고달프고, 남의 잔소리를 들어야 하고, 원하지 않는 일을 해야 하며, 좁고 불편한 환경, 더러운 조건들이 많은 주거 환경에서 살아야 하며 영양 없는 먹거리로 살아야하고 시간도 자유롭게 사용하지 못하며 내 인생에 내가 주인 되지 못하게 하는 것도 돈이다.

돈 벌려고 일하는 것이고, 더 많은 돈을 가지려고 남의 것을 빼앗고 심지어는 죽이기까지 하는 것이다.

모두가 돈은 행복의 필요조건이지 충분조건은 아니라고 말하면서도 돈에 대한 인간의 욕망은 멈추지 않는다. 부부간에도 돈이 없으면 서로 자주 싸우게 된다. 집도 좁고 주거 환경도 나쁘고, 먹는 것도 나쁘고, 동네도 시끄러우니 몸과 마음도 쉴만한 공간이 없다. 그러니 자연스럽게 신경도 날카롭고 마음은 항상 불만상태가 된다. 부부는 이 모든 일들이 돈이 없어서임을 안다. 동창회 때 나가보면 옛날에 나를 좋아했던 남학생이 지금은 사장이 되어 떡하니 나타나서 남편은 뭘 하니?라고 물을 때 얼버무리며 제가 아직도 나를 좋아하고 있을까? 마침 이야기를 들으니 얼마 전에 상처했다는 소리를 들을 때 사람들은 흔들린다. 남편은 동창회에 가보면 전부 잘나가고 자기만 못한 것 같아서 다음부터는 모임에 안 나가기로 마음을 먹는다. 다 돈이다. 돈이 많으면 친구들한테 거하게 식사 접대하고 폼 나게 등장할 텐데 이 모든 것들이 사실은 돈이다.

그래서 부부는 또 싸운다. 기껏 위로하고 서로 용기를 주며 손잡고 열심히 살아왔지만 돈 앞에서 초라한 자신을 발견하고 순간에 무너져 버리는 사람들이 얼마나 많은지 모른다.

누군가와 비교될 때 가난함은 싸움의 발단이 된다. 호강시켜주지 못하는 남편의 미안한 마음과 조그마한 위로의 말로라도 위로 삼으려는 여인들의 순정은 이미 사라진지 오래다. 이제는 더 이상 빈곤하게 살고 싶지 않을 만큼 영혼을 훔쳐가는 자본주의의 흡착력은 강하다.

얼마나 많은 가정들이 돈 때문에 울고 논 때눈에 상서받고 돈 때문에 멸시당하고 눈물 흘리며 숨죽이며 살아왔을까?

인류 역사상 가장 부자로 산 사람이 구약성서에 나오는 솔로몬이다. 그와 그의 식객들이 먹는 하루 식사량이 가는 밀가루가 삼십 석, 굵은 밀가루가 육십 석, 살찐 소가 열 마리, 초장의 소가 20마리, 양이 일백이며 사슴과 노루와 살찐 새를 먹었고, 그가 마시는 술잔은 순금 술잔이며 경호병들의 방패도 순금 방패였다. (열왕기상 4장22-23절)

그러던 그도 인생의 마지막에 가서 다른 이야기를 한다. '헛되고 헛되니 모든 것이 헛되다'고 한다. '사람의 해 아래에서 수고하는 모든 수고가 무엇이 유익한 게 있느냐'고 말한다. "여기 와서 잘 먹고 잘 살다 갑니다." 라고 하지 않고 "다 헛된 것이라"는 것이다. 그는 인생의 부자가 누릴 수 있는 모든 것을 다 누려보았다.

얼마나 즐겼으면 "낙을 누리는 것도 헛되고, 웃고 즐기는 것도 미친 짓이고, 포도 농장을 만들고, 각종 과실수를 심고, 연못도 파고, 노비를 사기도 하고, 소와 양떼도 많고, 은과 금, 왕들이 갖는 보배와 노래하는 가수들과 처첩들을 많이 두었고, 눈이 원하는 것을 금하지 아니하고, 마음이 즐거워하는 것을 막지 아니하였고 먹고 즐거워하는 일에 인류 중에 나보다 뛰어난 사람이 누가 있느냐?'고 하였다. 그러나 그가 내린 결론은 두 가지였다. 사람이 먹고 마시며 수고하면서 마음에 낙을 누리는 것보다 나은 것이 없다. 또한 인간의 영혼에는 영원을 사모하는 마음을 주셨으니 (전도서3장11-13) 어려서 취한 네 아내와 함께 영원한 세계를 그리워하며 이 땅위의 수고를 땀 흘려 감당하라는 것이다. 자기의 삶에 마음에 즐겁게 일하고 사랑하는 아내와 함께 영원을 사모하며 사는 것이 제일 중요하다는 것이다.

우리는 이렇게 말할는지도 모른다. 그 사람은 다 누려보았으니까 그런 말 한다고. 그러나 이 담화는 인류 최고의 지혜자라 불린 솔로몬이 내린 부에 대한 결론이다. 누려 본 뒤에야 깨달을 때는 더 이상 시간이 주어지지 않는다. 솔로몬처럼 똑똑한 사람은 그렇게 살아보지 않고도 깨우치는 사람이다. 이것이 돈 때문에 부부싸움을 하는 사람들에게 주시는 옛 성현들의 가르침이다. 그래도 그렇게라도 누리다 죽으면 아무 소원 없겠다. 라고 말 할 수 있다. 그러나 성현의 말씀을 물질로 가린 사람들은 그렇게 부자 되기도 쉽지 않거니와 인생의 본질을 꿰뚫어 볼 수 있는 지혜도 없다.

나는 강의 중에 사람들에게 묻는다. 만약 기적이 일어난다면 어떤 일이 일어나면 좋겠느냐?'고 물으면 80%이상의 사람들은 대부분 돈 얘기를 한다. 로또 100억 당첨되면 좋겠다고 한다. '그 돈이 있으면 뭐하고 싶으냐?'고 물으면 '시골에 전원주택 하나 짓고, 세계 여행 가고 남는 돈은 빌딩을 사서 월세 받아먹으며 편안히 살고 싶다.'고 한다. 아마도 웬만큼 높은 의식을 갖지 않고서는 이 답이 자본주의시대를 살아가는 현대인들에게 모범 답안일 것 같다. 그에게 또 묻는다. 빌딩에서 수익이 더 생겨서 도로 100억이 생겼다. '뭐하고 싶으냐?' 이번엔 병원을 사서 돈을 더 벌겠단다. 그래서 돈이 300억이 생겼다. 뭐하고 싶으냐면 그 때부터 사람들은 진정한 부에 대한 고민을 시작한다. 한참을 생각하너니 가난한 애들 학비 대주고 무료 수술 해주고 그러면서 그러한 생각을 하게 된 자신에 대해 감동을 받는다. 인생은 자신에게 감동 받으려고 사는 것이다. 300억을 벌 때도 흥분되지만, 그 돈을 베풀 때에도 감동되는 것이다. 결국 이런 것이 돈의 정체인데 우리는 충분히 쓸 만큼의 돈이 없어 보이고, 또 실제로 없기도 하고, 충분한 돈이 있어도 사용하지 못하고 자식들이 다 빼앗아가고 형제들끼리 서로 법정 투쟁을 하고 우리는 한국 재벌들의 가족사를 통해 돈이라는 마물의 단면을 본다.

돈 때문에 싸우는 부부는 왜 싸울까?

돈이 없어서 싸운다. 한쪽 사람은 열심히 버는데 한쪽은 열심히 써서 싸운다. 너무 많아서 헤프게 사용하다가 이용당하고 사기 당해서 싸운다.

모자란 부부는 얼마의 돈이 있으면 싸우지 않을까?

돈 코칭Money coaching

돈 문제에 대한 해법

1. 우리에게 얼마의 돈이 있으면 행복하게 살까?

부부가 함께 필요한 금액을 산정해본다.

그리고 그 돈이 어디에 필요한지를 계획을 세운다.

현재 가진 것과 수익 구조를 통해 현재에서 얼마를 더 벌어야 그 계획을 실천할 수 있을지 벌어야 할 금액을 산정한다.

언제까지 나의 계획을 달성할 것인지 연도를 정한다.

그 정한 연도의 중간까지는 얼마나 벌어야 되는지를 산정한다.

그 만큼 벌기 위해서 어떻게 돈을 벌 것인가를 계획한다.

그 계획이 다 이루어지면 그 다음엔 무엇을 할 것인지를 목표 달성 후 십 년 뒤까지를 계획을 세우면 또 다른 세계가 열린다.

그래도 부자 되기를 소망한다면 부자 되는 법을 소개하겠다.

부자는 부자처럼 사는 법을 배워야 한다. 부자처럼 생각하고 부자처럼 말하고 부자처럼 행동하면 된다. 그리고 부자들하고 놀아라. 산삼 밭에 가야 산삼을 캘 수 있다.

1. 항상 기뻐하라, 그래야 기뻐할 일들이 줄줄이 따라온다.
2. 남의 잘됨을 축복하라, 그 축복이 메아리처럼 나를 향해 돌아온다.

3. 써야 할 곳 안 써도 좋을 곳을 분간하라, 판단이 흐리면 낭패가
　따른다.

4. 자꾸 막히는 것은 우선 멈춤 신호다. 멈춘 다음 정비하고 출발하라

5. 힘들어도 웃어라, 절대자도 웃는 사람을 좋아 한다.

6. 들어온 떡만 먹으려 말라. 떡이 없으면 나가서 떡을 만들라.

7. 기도하고 행동하라, 기도와 행동은 앞바퀴와 뒷바퀴다.

8. 자신의 영혼을 위해 투자하라. 투명한 영혼은 천년 앞을 내다본다.

9. 마음의 무게를 가볍게 하라. 마음이 무거우면 세상이 무겁다.

10. 돈은 거짓말을 하지 않는다. 돈 앞에서 진실 하라.

11. 종자돈은 쓰지 말고 아껴두라. 종자돈은 새끼를 치는 돈이다.

12. 샘물은 퍼낼수록 맑은 물이 솟아난다. 아낌없이 베풀어라

13. 헌 돈은 새 돈으로 바꿔 사용하라. 새 돈은 충성심을 보여준다.

14. 적극적인 언어를 사용하라. 부정적인 언어는 복 나가는 언어다.

15. 깨진 독에 물 붓지 말라. 새는 구멍을 막은 다음 물을 부어라

16. 요행의 유혹에 넘어가지 말라. 요행은 불행의 안내자다.

17. 검약에 앞장서라. 약 중에 제일 좋은 보약은 검약이다.

18. 자신감을 높여라. 기가 살아야 운이 산다.

19. 장사꾼이 되지 말라. 경영자가 되면 보이는 것이 다르다.

20. 서두르지 말라, 급히 먹은 밥에 체하게 마련이다.

21. 세상에 우연은 없다. 한번 맺은 인연을 소중히 하라.

22. 돈 많은 사람을 부러워 말라. 그가 사는 법을 배우도록 하라

23. 본전 생각을 하지 말라. 손해가 이익을 끌고 온다.

24. 돈을 내 맘대로 쓰지 말라. 돈에게 물어보고 사용하라.

25. 느낌을 소중히 하라. 느낌은 신의 목소리다.

26. 돈을 애인처럼 사랑하라. 사랑은 기적을 보여준다.

27. 기회는 눈 깜박하는 사이에 지나간다. 순발력을 키워라

28. 말이 씨앗이다. 좋은 종자를 골라서 심어라

29. 작은 것 탐내다가 큰 것을 잃는다. 무엇이 큰 것인가를 판단하라.

30. 돌다리만 두드리지 말라. 그 사이에 남들은 결승점에 가 있다.

31. 돈의 노예로 살지 말라. 돈의 주인으로 기쁘게 살아가라

32. 절망 속에서도 희망을 잃지 말라. 희망만이 희망을 싹 틔운다.

33. 기쁨 넘치는 노래를 불러라. 그 소리를 듣고 사방팔방에서 몰려
    든다.

34. 지갑은 돈이 사는 아파트다. 나의 돈을 혼은 아파트에 입주 시켜라

35. 불경기에도 돈은 살아서 숨 쉰다. 돈의 숨소리에 귀를 기울여라

36. 값진 곳에 돈을 써라, 돈도 신이 나면 떼를 지어 몰려온다.

37. 돈 벌려고 애쓰지 말라. 돈을 사랑하기 위해 애를 써라.

38. 인색하지 말라. 인색한 사람에게는 돈도 야박하게 대한다.

39. 더운 밥 찬밥 가리지 말라. 뱃속에 들어가면 찬밥도 더운 밥 된다.

40. 좋은 만남이 좋은 운을 만든다. 좋은 인연을 소중히 하라

41. 효도하고 또 효도하라. 그래야 하늘과 조상이 협조한다.

42. 돈을 편하게 하라. 아무데나 구겨 놓으면 돈도 비명을 지른다.

43. 느낌을 소중히 하라. 느낌은 하늘의 목소리다.

44. 한발만 앞서라. 모든 승부는 한 발자국 차이다.

45. 돈은 보물이다. 조심 조심 다루어라

46. 있을 때는 겸손 하라. 그러나 없을 때는 당당 하라

47. 부지런 하라. 부지런은 절반의 복을 보장한다.

48. 돈은 돈을 좋아한다. 생기는 즉시 은행에 입금시켜라

49. 돈은 잠자는 사이에도 쉬지 않고 새끼 친다. 기뻐하라

50. 티끌 모아 태산이 된다. 작은 돈에도 감사하라

51. 돈을 값진 곳에 써라 돈도 자신의 명예를 소중히 안다.

52. 돈에 낙서하지 말라. 당신의 얼굴에 문신하면 어떻겠는가를 생
　　각하라.

53. 찢어진 돈은 때워서 사용하라. 돈도 치료해준 사람에게 감사한다.

54. 여자와 개와 돈은 같다. 쫓아가면 도망가고 기다리면 쫓아온다.

55. 돈과 대화를 나눠라. 돈의 말에 귀를 기울여라

56. 안달하지 말라. 돈은 안달하는 사람을 증오한다.

57. 마음이 가난하면 가난을 못 벗는다. 마음에 풍요를 심어라

58. 돈이 가는 길이 따로 있다. 그 길목을 지키며 미소를 지어라.

59. 내 가족과 하나가 되어라. 하나 되는 그 에너지에서 돈도 그 가
　　족에게 간다.

60. 돈을 사용할 때는 즐거운 에너지를 넣어서 써라.

61. 돈을 만들어 주는 것은 자신의 삶 전체다. 직장만이 돈을 만들어

주는 것이 아니다. 자신의 삶에서 행복을 느껴라

62. 공돈을 바라지 마라, 그 마음이 사기를 부른다.

63. 자신의 권한을 남에게 주지 말아라.

64. 인생의 주인이 되어라, 그럼 돈의 주인도 될 수 있다.

65. 돈을 살아 있는 생물체처럼 다루어라. 그 안에도 에너지가 있다.

66. 돈에 의미를 붙여라. 그 의미대로 돈은 움직인다.

67. 가족에게 쓰는 돈을 투자라고 생각하라.

68. 모든 것에 감사하라. 거기서 돈이 나오기 시작한다.

성격코칭 해법/DISC

성격 차이 싸움의 해법 | 인간의 DNA는 수천 년의 정보들을 전달하면서 다양한 장르의 인간 패턴을 만들어냈다. 실상은 사람이 갖는 원초적인 두려움들은 오직 생존만을 위한 두려움이었는데 현대 사회는 정신적인 두려움들을 만들어 내었다. 이런 결과물들이 개인이 인생을 사는 방식을 결정하는 성격이란 것으로 나타난다. 그러므로 성격은 본질적으로 개인이 세상 곧 사회와 자신, 타인과 자연을 대하는 태도라고 볼 수 있다. 이 정교한 정보들의 결합은 인류가 동일한 사람이 하나도 없게 만드는 원리이기도 하다.

우리는 앞에서 남자와 여자라는 단편적인 다름에서 한발 더 깊이 나아가 남자도 남자다운 남성과 여성스러운 남성, 여성도 남자 같은 여성과 여성스러운 여성이 있음을 말했다. 사람은 기계보다 더 복잡하고 민감하다. MBTI의 분석 심리를 통해 인간 성향을 이해하기보다는 여기서는 밖으로 드러나는 다양한 행동 양식들을 통하여 사람을 이해하는 DISC프로그램으로 성격을 이해해보기로 하자. 의성 히포크라테스가 인간의 몸 가운데서 네 가지 체액으로 사람의 질병과 성격의 패턴을 찾아낸 것이 네 체액설이다. 이른바 분기탱천한 담즙질, 싹싹하고 재밌는 다혈질, 부드럽고 평화로운 점액질, 차갑고 깔끔하며 우울한 우울질로 구분한 것이다. 가장 이성적인 국가에서 이런 패턴을 공부하고 과학적으로 통계와 자료들을 만들어 나가는 것이 재밌다. 1920년 콜롬비아 대학의 윌리엄 말스톤 교수가 사람마다 유사한 상황에서 유사한 행동 양식을 보이는 행동 패턴을 찾아 만들어 본 것이 DISC프로그램이다. 동양에서는 사상 체질의학을 창안한 농무 이제마의 사상 체질에서 인간의 성향의 패턴을 찾아낸 것이 재밌다. 동서양의 의사들이 성향의 패턴을 찾게 되는 것은 유사한 패턴을 가진 사람들이 갖게 되는 질병 라인들이 비슷한 곳에 결집되어 있다는 것에서 발견된 것이다. 영국의 스톤헷지나 우리의 첨성대와 같이 고대사회의 천문학자들은 별의 움직임의 패턴을 연구했다. 어느 별이 떠오를 때는 큰 홍수가 오거나 어떤 별에는 가뭄이 어떤 별에는 등 등 이 패턴을 찾아낸 민족들은 미래를 준비할 수 있었고 그들은 살아남았다. 이것이 패턴학의 목적이다. 사람을 이런 유형의 틀에 넣는 것을 싫어하는 사람들도 많다. 그러나 우리는 사람을 어떤 패턴에 집어넣는 것이 아니라 그 사람이 어떤 행동 양식을 가지고 나왔는지를 앎으로 한 사람에 대해 보다 깊이 이해하는 도구를 하나 더 갖는 것뿐이다. 나는 개인적으로 이 DISC프로 그램연구로 박사 학위를 받았고 이 과목 하나로 많은 사람들에게 강의를 하고 많은 가정을 회복시키고 개인에게 이상한 사람이 아니라 타인과 다른 성향이 있음을 알게 해주어 본인이 틀린 사람이 아니라 다른 사람일 뿐임을 알게 하였고 또한 나와 같은 사람들이 이 세상에는 굉장히 많이 존재한다는 것을 알게 되어 힘을 주었고 성향을 아니까 자신에게 가장 적합한 일을 택하여 사는 길이 쉽고도 신이 내린 은사대로 사는 길임을 알게 해주었다. 또한 나와 다른 사람을 오해하지 않고 그의 가지고 나온 성향이 나와 전혀 다른 세계의 사고관과 사물을 경험하고 바라보는 관점이 다른 것을 이해함으로 서로에 대한 오해를 불식시키고 나아가서 서로 보완하는 지혜를 주는 등과 같은 선한 영향력을 나타내게 된 것이 내게는 행운이고 축복이었다. 제일 중요한 것은 내가 나의 다음 행동을 예측할 수 있다는 것이 즐거웠다. 옛날에는 내가 다음에 어떻게 행동할지를 몰랐다. 그러나 지금은 나를 알기 때문에 보나마나 나는 화를 낼 것이고, 입이 가만히 있지를 않고 아내에게 퍼부을 것이고, 애들은 두려움에서 나를 회피하고 이런 등등 나로 인해 만들어지는 모든 결과물들을 미리 예측할 수 있게 되면서 더욱 조심하며 자신을 만들어 나가게 되는 것이다.

우선 자신의 성향을 검사해보자

검사하는 방법은 왼쪽의 색칠된 부분이 질문이고 오른편 네 개가 답이다. 정답은 없다. 문제에 대해서 자신을 가장 잘 설명하는 문항에 4

점, 그다음 3점 , 2점, 제일 거리가 먼 것에 1점을 기록하면 된다. 주의
사항을 기억하라.

다 비슷하다고 같은 수를 쓰면 안 된다. 예를 들어 3.3.2.3이라든지,
1,1,4,4라든지 하면 계산을 할 수 없다. 반드시 4,3,2,1이 한 개씩 나와야
한다. 그 다음 갈매기 표시하면 안 된다. 특히 옆 사람 것을 참조하면 옆
사람 성격이 나오니 혼자서 기록하라. 마지막 주의사항은 현재의 자신을
기록하라. 되고 싶은 자기를 기록하면 정확한 검사가 되지 않는다.

각 문항에서 나를 가장 잘 묘사한 순서대로 4점/3점/2점/1점을 기입하십시오.

		점수		점수		점수		점수
내 성격은…	명령적이고 주도적이다		사교적이며 감정 표현을 잘한다		태평스럽고 느리다		진지하고 세심하다	
나는 …에 둘러싸인 환경을	해야할 일들과 하고 싶은 일들		좋아하는 사람들		변함없는 조직이나 사물		정결하고 무엇이든지 제자리	
내 성격 스타일은 …한 경향이 있다	결과를 중시		사람을 중시		팀과 전통을 중시		규칙과 세부사항을 중시	
다른 이에 대한 내 태도는…	위압적이며 해결사적이다		친절하고 싹싹하다		편하게해주고 잘 참는다		차갑고 객관적이다	
다른 사람의 말을 들을 때…	답을 빨리 준다		주위가 산만하다		아무 생각 없이 잘들어준다		사실에 초점을 맞추고 분석한다	
다른 사람과 …에 대해 이야기하는 것을 좋아한다	내 업적		나 자신과 다른 사람들		가족과 친구		사건, 정보의 내용	
나는 타인에게 …한 경향이 있다	사람들에게 지시하는		기분을 좋게 해주려는		잘 용납하는		사실을 바로 잡아주려는	

축구팀에 들어가면 나의 포지션은…	최전방 공격수	공격형 수비수	수비형 공격수	최종 수비수
나에게 시간은…	항상 부족하다	교제에 많은 시간을 사용하는	항상 넉넉하다	정해진 계획에 따라 시간 활용을 잘하는
내가 교통표지판을 만든다면…	난폭운젠! 죽음을 부른다	웃는엄마 밝은아빠 알고보니 양보운전	조금씩 양보 하면 좁은 길도 넓어진다	너와내가 지킨 질서 나라안녕 국가번영
평소 내 목소리는…	감정적,지시적 힘있고 짧고 높은 톤	감정적,열정적 가늘고 높은 톤	감정이 적게 개입되고 굵고 낮은 톤	냉정하고 감정 을 억제하고 가늘고 낮은 톤
내 제스처는 대부분…	강하고 민첩하다	모든 표현 도구를 사용한다	눈만 꿈벅거리며 울직임이 없다	긴장되고 신중하다
나는 …스타일의 옷을 좋아한다	정장	멋을 내는 캐쥬얼	실용적이고 편리함을 추구	검소하고 소탈하며 깔끔함
행복하게 만드는 말은?	역시, 대단해!	야! 너무 멋있다.	내가 다 알아서 해줄께!	빈틈없이 제대로 되었다.
제일 좋아하는 사람은	일 잘하고 높은 성과를 빨리 내는	재밌고 멋쟁이	밥을 잘 사주고 편하게 해주는	지식이 많고 지혜로운
총점	(가)	(나)	(다)	(라)

성명

영문

일자 20   년   월   일

나는 [   ] 유형이다

나의 행동유형은 [   ]

형이다.

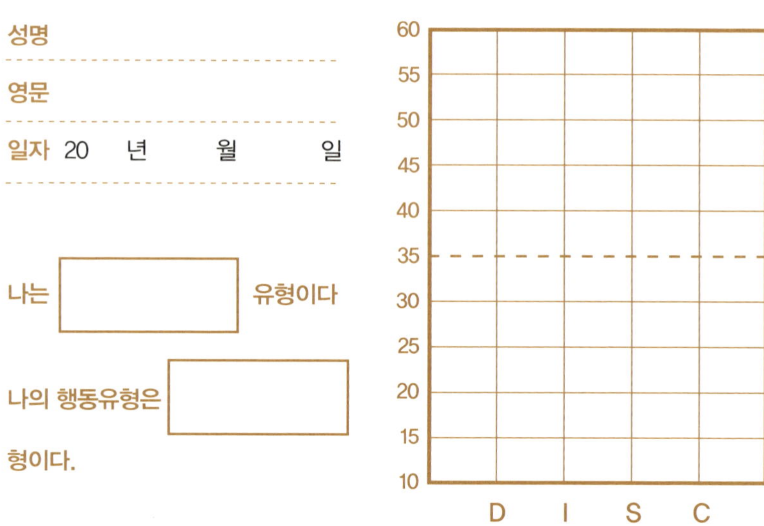

onDISC의 40개 행동유형 프로파일

행동유형	프로파일	행동유형	프로파일	행동유형	프로파일
D	감독자형	I/S	격려자형	S/C/D	전략가형
D/I	결과지향형	I/S/D	헌신자형	S/C/I	평화중재자형
D/I/S	관계중심적 지도자형	I/S/C	코치형	C	논리적 사고형
D/I/C	대법관형	I/S/C	대인협상가형	C/D	설계자형
D/S	성취자형	I/C/D	업무협상가형	C/D/I	프로듀서형
D/S/I	업무중심적 지도자형	I/C/S	조정자형	C/D/S	심사숙고형
D/S/C	전문가형	S	팀플레이어형	C/I	평론가형

D/C	개척자형	는S/D	전문적 성취자형	C/I/D	작가형
D/C/I	대중강사형	는S/D/I	디자이너형	C/I/S	중재자형
D/C/S	마이스터형	는S/D/C	수사관형	C/S	원칙중심형
I	분위기 메이커형	는S/I	조언자형	C/S/D	국난극복형
I/D	설득자형	는S/I/D	평화적 리더형	C/S/I	교수형
I/D/S	정치가형	는S/I/C			
I/D/C	지도자형	는S/C			

수를 다 기록하였으면 세로로 합산을 하여 네 개의 총합이 150점이 나와야 제대로 한 것이다.

수가 안 맞은 사람들은 절망할 것 없다. 원래 15%의 우뇌형들이 항상 계산이 틀린다.

150점이 되었으면 다음 페이지에 프로파일을 작성하라.

앞 검사지의 가의 점수를 D줄에 점수만큼 점을 찍고 나의 점수는 I줄에 다의 점수는 S줄에 라의 점수는 C줄에 점을 찍은 뒤 점을 선으로 이어본다. 그리고 혹시 부부가 같이 할 경우는 서로 그래프를 모양을 비교해본다. 같은 쪽이 어느 것이고, 반대가 어느 것인지만 찾으면 된다.

비교가 끝났으면 35점미만은 버리고, 35점 위의 높은 순서대로 해당된 영문을 아래 란의 나는 (   )유형이다 안에 기록한다. 예를 들어 35점 위에 I형이 48점, S형이 42점인데, D는 32점 C는 30점이면 IS

형이 된다. 그렇게 아래 란에 IS형을 기록하고, IS형에 대한 우리말 프로파일명부에서 찾아보면 격려자형이라고 되어있다. 그 이름을 아래 두 번째 란에 기록하면 프로파일의 완성이 된다.

이렇게 작성한 후 부부끼리 서로 나는 무슨 형이라고 자기소개를 한다.

프로파일에 대한 이해

첫 번째 모델 | 일 좋아하는 사람(DC,CD형)과 사람좋아하는 사람(IS,SI형)이 만난 부부

DC형(CD형) 과 IS형(SI형) 부부

대부분의 사람들은 두 개 이상의 성향을 갖기 때문에 두 개의 성향에 대해서만 프로파일을 해석해드린다. 먼저 D형과 C형 둘이 높은 DC형이나 CD형은 둘 다 일을 잘하는 사람들이다. 이 성향을 가진 사람들은 일을 잘하는 사람들이다. D형은 빠르고 큰 일을 잘하고 C형은 꼼꼼하고 정확한 일을 잘한다. 자연히 이런 성향이 합해진DC형이나 CD형들은 일이 최고의 가치가 된다. 쉬어도 쉬지 못하고 항상 일만 보인다. 사람도 일로서 판단하기 때문에 부부간에도 사람을 일로서 평가하고 일로서 사랑한다. 일 잘하는 상대를 존중하고 일을 못하는 배우자를 경멸한다. 이들은 걱정도 많이 한다. 사람을 존재자체로 보지 아니하고 일하는 존재로 보기 때문에 배우자간에 사람을 좋아하는 유형과 살 때에는 상당한 충돌이 야기되는 것이다.

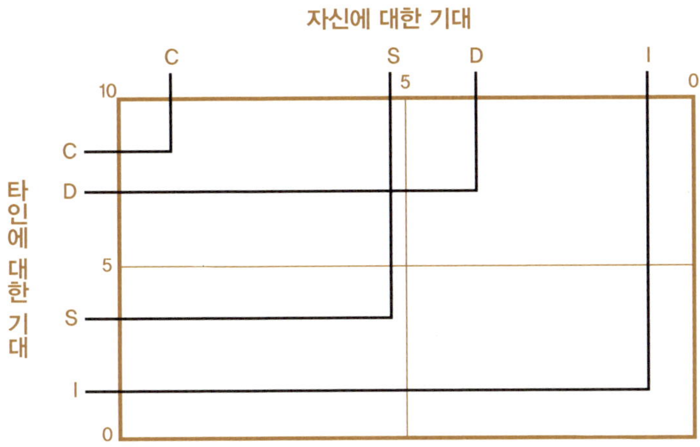

위의 도표를 참조해보자 자신에 대한 기대치가 제일 높은 사람은 C 형이다. 이들은 자기 스스로도 자신에게 완벽해야 한다. 완벽주의자들인 이들은 자기 자신에 대한 것도 항상 완벽해야한다는 절대 기준을 가지고 있기 때문에 작은 실수에도 자신을 용납하지 못하고 스스로를 부끄럽게 생각한다. 부부사이에도 자존심이 강하고 자신의 인간적이거나 완벽하지 못한 모습을 보는 것이 부끄러워 속내를 열지 못하는 사람들이 C형들이다. 이들은 또한 부부 관계시에도 부끄러움을 많이 타고, 자신의 성적 만족보다 상대에게 비쳐지는 내 모습을 생각하느라고 작은 표현 하나에도 생각을 많이 하여 섹스 리스 부부들이 많아진다. 이들은 또한 타인에 대한 기대치도 제일 높다. 자신도 잘해야 하는 만큼 타인들도 잘해야 하고 항상 완벽해야한다는 생각이다. 자기도 힘든데 주변사람들도 자연히 힘들게 된다. 그래놓고 자기는 왜 이래야하는지 더 속상해하고, 그나마 친구도 없어서 혼자 괴로워한다. 사람 좋아하는 남편이나 아내가 위로해주어도 그들의 속 정서를 모르니 고맙기는 한데 그다지 핵심을 건드리는 해결책이 없다. 그러니 상대 배우자는 그 지루하고 완벽한 배우자에게서 숨 쉬지 못하고 있다가 재미있고 싹싹하고 위로와 경청의 달인을 만나면 신바람 나게 돌아다니다가 그게 남녀일 때 문제가 터지는 것이다. 이들이 사는 집은 항상 정리정돈이 잘 되어있고 깨끗하고 모든 일에 실수가 없다. 그런데 식구들은 어딘가 부자연스럽고 C형이 만들어놓은 규범에 따라 기계처럼 움직여야한다. 그래서 그들의 가족들은 항상 일탈을 꿈꾼다. 이번에는 D형의 기대치를 보자 이들은 아주 비인격적이고 비도덕적인 기대치요소를 가지고 있다. 타인에게는 엄하고 자신에게는 관대한 사람들이다. 소위말해서 '내가 하면 법이고, 네가 하면 불법이다.' 루이14세가 '짐이 곧 국가'라고 선포하는 것과 같다. 항상 나는 잘못이 없고 너 때문이고

자신이 책임지지 않는다. 누군가 걸리기만 하면 그에게 모두 전가시킨다. 아주 못된 인간관을 태생적으로 가지고 나온 사람들이다. D형과 C형이 합한 DC형이나 CD형들에게 있어서 공통점은 타인을 향한 기대치가 높다는 것이다.

배우자는 이 성향가진 사람들이 제일 어렵다. 두 개의 가장 높은 타인을 향한 기대치가 만난 이 사람들은 항상 배우자의 부족함에 마음이

가있다. 그들의 실수와 실패를 용납하지 않고 제대로 하지 못하는 일 처리와 살림살이의 무능함, 게으름에 대해 질타한다. 타인을 향한 기대 치가 높은데 그 기대치가 어느 한 가지로만 있는 것이 아니라 거의 완 전한 인간상을 요구하기 때문에 배우자들은 더욱 힘들다. 어느 아이가 추운 겨울에 갑자기 오징어 튀김이 먹고 싶어졌다. 엄마한테 오징어 튀 김을 해달라고 말하려는데 엄마가 설거지 중이다. 이 엄마는 저 유명한 일 잘하는 DC형 엄마다. 이 엄마는 어떻게 반응할까? 필자가 강의 중 에 물어보면 따뜻한 엄마들이 먼저 말한다. '응, 엄마가 일 끝나면 해줄 게!' 그러면 저쪽 구석에 있던 진짜 DC형 엄마가 소리를 버럭 지른다. 너 지금, 엄마가 놀고 있어? 설거지하고 있잖아!' 그 다음은 내가 이어 받아서 '어떻게 엄마가 동시에 두 개를 다 해? 그렇게 생각이 없이? 지 애비 닮아 가지고 먹는 것만 좋아하고, 하라는 공부는 안하고 어휴 속 상해,' 정답이다. DC형 엄마는 그렇게 말한다. 아이는 그 후로 오징어 트라우마에 걸려서 길을 가다가 튀김 냄새나 오징어 소리만 들어도 가 슴이 두근거린다. 그러나 이 DC형 집은 어떨까? 정리 정돈된 가구에, 화장실 바닥까지도 깨끗한 집이지만, 아이 마음은 두려움과 불안증들 을 갖게 된다. 배우자들도 마찬가지로 그들의 책임이 강한 성실함을 이길 수 없기 때문에 좋게 바라보려고 살지만 마음은 편안한 것에 목 마르다.

DC형 배우자는 빠르고 완벽한 일처리에는 강점을 갖고 있지만 그래 프 상으로 보면 I형과 S형이 낮게 나온다. I형은 사람을 좋아하고 놀기 좋아하고 옷 사 입고, 친구 만나고, 수다 떨고, 사는 것을 좋아해서 국가 경제 발전에 큰 공헌을 한다. 그들의 소비 경향 때문이다. S형은 편안하고 조용하고 잠자고 쉬고 먹는 것 좋아하고 그냥 아무 생각 없이 역사고, 민족이고 다 귀찮고 내버려두면 제일 좋아하는 사람들이다. 이 둘의 기대치는 자신에게도 남에게도 둘 다 낮다. 특히 I형은 자신과 타인에게 제일 낮다. 기대치가 낮으니까 자기도 편하고 주변사람도 편하다. 원하는 것이 없으니까, 그들이 아무렇게나 해도 비도덕적이든, 더러워도 그냥 편하고 좋으면 된다. 그러니까 DC형들은 이러한 여유와 편안함, 즐거움이 약하다. 도리어 그들은 이러한 사람들을 이해할 수 없다고 하고 인간 취급을 안 한다. 왜냐하면 일에 있어서 빠르지도 완벽하지도 않고 그냥 놀고 말하고 사람 좋아하고 치우지 않고 규모 없이 살아가기 때문이다. 자연히 이러한 DC형들은 회사로 말하면 상사들은 좋아하지만 부하들은 싫어하는 사람들이 되고 집에서는 큰 일해줄 때나 밥 얻어먹을 때만 좋고 그 외에는 별로 식구들에게 인기가 없다.

그러나 IS형이나 SI형들은 사람 좋아하고 편안하게 해주는 사람들이다. 따뜻하고 친구도 많고 인기도 좋고 돈도 잘 쓰고, 멋도 잘 내고 여유롭다. 뭐 인류 역사에 큰 일을 하는 것은 없지만 하여튼 주변사람들은 이들을 좋아한다. 회사로 말하면 상사들은 싫어하는데 부하들이 좋아하는 경우이다. 이 집의 아이가 오징어 튀김이 먹고 싶어서 엄마더러 사달라고 하는데 엄마는 설거지 중이다. 그 설거지도 모처럼 마음

먹고 하는 중인데 아들이 오징어 사달라고 하니 어떻게 반응할까? 총 알이다. 아 우리 아들이 오징어가 먹고 싶었구나? 엄마가 그걸 몰랐 네, 어쭈쭈주, 그러면 오징어 사러가야지. 사실 그 집 냉동실에는 오징 어가 많이 있다. 그들은 모른다. 뭐가 냉동실에 몇 년째 동면하고 있는 지. 무조건 사러나간다. 오징어 사러 가는데도 새빨간 옷 입고 선글라 스 끼고 아들 손잡고 나간다. 그 때 잠그다만 수돗물은 그냥 줄줄 새 고 있다. 오징어 사러가다 말고 영화관에서 상영되는 영화 간판을 보 고 아들에게 '너 저 영화 봤냐'고 묻는다. 아들하고 둘이 영화보고 햄버 거 사먹고 집에 와서 왜 나갔는지 잊어버린 모자는 아무 말 없이 흐르 는 수돗물을 잠그며 그냥 쇼프로를 시청한다. 이 집은 더럽기가 한량 없지만 아이 마음은 구김살이 없다.

부부사이에도 남편이 IS형인 경우와 부인이 DC형인 경우는 어떻게 될까?

남편이 DC형인 경우와 부인이 IS형인 경우는 어떻게 될까?

가장 사이가 안 좋은 부부 케이스다. 일 중심과 사람 중심인 부부는 서로 지향하는 관점이 다르기 때문에 의사소통과 가치 대화의 주제가 다르다. 감정적인 부분도 화를 잘 내는 DC형과 명랑한 IS형이 다르다. 비교표를 만들어보자.

유형	DC형 (CD형)	IS형(SI형)
일	빠르고 완벽	느리고 대충
감정	화 잘 내고, 급함	여유롭고 느긋함
관계	일 중심	사람중심
살림	정리정돈	체계 없음
정서	차갑고 이성적	따뜻하고 감성적
교육	배우는 것을 좋아함	노는 것을 좋아함
훈계	잔소리형태의 훈계	있는 그대로 인정
목표	확실한 목표 지향	그때그때 달라요
완성도	확실한 결과물 산출	용두사미
설득력	필요성에 대한 인식강요	마음을 다독이며 동기부여
소비형태	절약 검소	모양추구 소비지향
선호대상	능력자	멋있는 사람
말	필요한 말만	아무이야기나 하루 종일
사랑	소유욕	느낌으로 이해
음식	절제된 식사	풍성하게 많이 먹음
논리	지성적 논리적	감성적 비논리적
행복감	불행하다고 생각	행복하다고 생각
인생관	고달픈 삶, 책임감	사는 자체가 즐거움

일	정의실현, 주도적인, 용감한, 도전적인,모험심,솔선수범, 대장, 책임감, 지혜, 분명한 목표의식,결단력,큰 그릇, 직관적인, 큰 그림, 일을 잘함, 불의에 항거, 큰 사업, 역사적 과업, 창조적 능력, 비전제시
사람	리더십,방향성, 의사결정구조의 단순, 빠른결단, 직접적인 지원, 해결사, 구조, 용기줌, 혁명, 쉬운처리, 긍정적, 도전정신, 직관력, 해방, 낙관적, 물질적지원, 빠른 도움
일	독단적인, 목소리가 큰, 명령하는, 변덕이 심한, 요구가 많은, 빠른실행, 정밀하지 않음, 저질러놓고 봄, 불법, 강박적사고
사람	경청불가, 화를 잘 냄, 욕설, 경멸감, 무시함, 잘난 체, 무배려, 학대, 편애하는, 파괴성, 무절제, 복수, 적대심, 징벌, 과장, 비난, 폭력, 살인, 충동조절능력취약, 거친 언어, 비도덕성, 무능한자에 대한 비존중, 참지못함, 불순종, 거역, 질투

일	창의성, 공상력, 촉진자, 시가화능력, 설득력, 요청하기
사람	융통성, 설득력, 감정적, 공상, 촉진자, 긍정적, 멋진, 패션감각, 친구, 행복감성, 사람중심, 희망에 찬, 기쁨, 이해, 용서,감사,포상, 축하, 선물, 위로, 표현력이 뛰어난, 공감능력, 스트레스 저항력이강함, 관계능력, 칭찬을 잘하는
일	정리정돈이 안되는, 사치성, 낭비가 심한, 충동조절취약, 집중력부족, 비계획성, 수치에 취약한, 뒤처리 안되는, 준비성부족, 실천능력부족, 비합리적, 목표의식없는
사람	사치성, 오랜 전화, 쉽게 흥분, 언어조절능력이 취약한, 잘놀고, 불규칙, 산만한, 차분불가, 편애하는,거짓말, 무절제, 충동적, 인내심부족, 감정적, 비실천, 약속실천능력부족, 말이 많은, 허세, 자랑, 정신사나운

일	안정적, 조직순응적, 팀 중심, 꾸준한, 전문가, 장인정신, 충성심, 소속감
사람	부드러운, 포용력, 이해력, 평화로운, 화내지 않는, 급하지 않은, 말이 적은, 화목, 인정, 감화, 중용, 고요한, 따뜻한, 따지지않는, 남이야기를 하지 않는, 사랑이 많은, 일관성, 편안한, 인내심, 순종적, 겸손함, 용납하는, 경청을 잘하는, 온유한
일	비 창의적, 변화와 다양성을 싫어함, 방관적자세
사람	고집이 센, 탐심, 게으름, 식탐, 미루는 버릇, 동작이 없는, 잠이 많은, 비핵심적, 압박불가, 실망, 두려움, 포기, 무서워함, 무능력한, 귀챠니즘, 무관심한, 거절감, 외로움, 공포증

두 번째 모델

외향성(DI,ID형)과 내향성(CS,SC형)이 만난 부부

프로파일상에서 앞의 두 개가 높고 뒤의 두 개가 낮은 형태의 우측 미끄럼틀같은 형태의 사람은 대부분 머리가 좋은 사람들이 많다. 머리 회전이 빠르고 미래지향적이며 긍정적이고 말귀를 빨리 알아듣고 눈치가 빠르다. 전체를 보는 시각도 뛰어나고 문제를 풀어가는 능력 또한 탁월하다. 대표적인 리더 형들로서 이런 사람이 상사일 때 부하들은 편하다. 각각 서로에게 할 일이 명확하게 무엇인지 알려주고 일을 쉽게 처리하도록 매뉴얼을 만들어준다. 이들은 귀로 듣지 않고 그림으로 듣는다.

<table>
<tr><td colspan="2" align="center">C형의 좋은 성품과 품성교육 필요항목</td></tr>
<tr><td>일</td><td>완벽한, 보수적인, 이성적, 깔끔한, 일 중심, 혼자 일하는 과정중심, 기대가 높은, 세심한, 차분한, 책임감, 철저함, 집중력, 냉정한, 진리추구</td></tr>
<tr><td>사람</td><td>논리적설득력,책임감, 존경, 영성, 자각, 의미추구, 현명한, 사랑, 추상, 자비로운이성적, 분별력, 세밀함, 능력, 완전한, 도덕성, 윤리적, 준비성, 깔끔한, 검소한, 신념이 분명한, 겸손함, 진실함</td></tr>
<tr><td>일</td><td>높은 기대치로 인한 불만족, 강박적 사고, 스트레스, 걱정, 임파워먼트를 못함, 과도한 시간, 체력소모, 십자가증후군, 까다로운, 고지식, 오체 불만족, 비판적인, 계산적인, 강요시 분노</td></tr>
<tr><td>사람</td><td>자기학대, 자살, 트라우마, 수치심, 거절감, 실연상처, 긴장두통, 불만족, 굴욕감, 외로움, 복수심, 경멸감, 비난, 상처받은 기분, 혐오감, 원망, 스트레스, 걱정, 비판적, 의심이 많은, 실망감, 초조, 두려움, 비통함, 증오심, 모욕감, 막연한 불안, 불행감, 미움,스트레스 저항력이 약함, 우울증, 사람을 좋아하지 않는, 드러나기를 원치않는, 냉정한 칭찬을 잘하지 않는.</td></tr>
</table>

말도 빠르고 행동도 빠르고 실행도 빠르다. 이런 사람이 배우자일 때 가족들은 활기차고 재미있으며 신나는 일들이 많다. 항상 무얼 만들고 준비하며 작전을 짜는 사람들이기 때문에 이런 걸 좋아하는 배우자라면 둘이서는 아주 신나게 세상을 떠돌아다니며 일을 벌이고 모험을 하며 재미있게 살 것이다. 그러나 이 사람의 프로파일 형태 중 SC라인이 기울어져 있다. 이쪽이 약점이며 문제가 여기서 발생한다. 긍정적이며 미래지향적인 것은 좋은데 이 사람은 동양 철학적 관점에서 계절로 보면 봄 여름에 해당되는 사람이다. 주지하다시피 봄은 씨를 뿌리는 계절이고 여름은 만물을 뜨거운 힘으로 길러내는 계절이다. 그런데 이 유형의 사람은 가을 겨울이 약하다. 가을은 추수하는 계절이고 겨울은 거두어들인 것을 저장하고 오래 버텨야 하는 계절이다. 다시 말하면 심는 것, 시작하고 일을 벌이는 것은 좋은데 마무리가 약한 것이다. 심는 것은 새 것에 대한 목마름과 환상이 있다. 그리고 씨앗이 싹이 나면 이런 모습이란 것을 안 뒤에 잘 자라나는 것을 보면 그것으로 끝이다. 벌써 뻔한 결말을 위해 남는 시간을 활용하기가 싫어진 것이다. 이 새로움에 대한 조급증과 반복되는 일상의 지루함 때문에 결실을 가져가지 못하는 것이다. 이래서 인류는 공평한가보다. 이들은 참아내고 버티고 단순하고 지루한 것을 이겨내지 못한다. 유목민처럼 항상 어디론가 새 것을 향하여 가야한다.

반대로 배우자가 SC성향을 가진 내향성이라면 이들과는 자연스럽게 맞지 않게 된다. 이들은 정반대로 가을 겨울 사람이다. 새로운 씨앗을

뿌릴 때에도 실패할까 두려워하고 안전한 오랜 세월동안 검증된 씨앗과 농사를 짓는다. 그리고 뿌리고 키우는 일들이 너무 힘들다. 땅을 파고 새 흙을 돋우어주고 양분을 주고 씨를 뿌리며 더운 여름에 무더위와 싸우고 가뭄, 태풍과 홍수와 싸우며 길러낼 힘이 약하다. 그러나 누군가가 잘 길러놓으면 정성되게 관리하며 마무리는 아주 좋다. 남이 다 해놓은 것 정리만하면 되니까 모험 안 해도 되고 크게 손해 볼 일도 없고 안전 제일주의다. 이들은 보편적으로 정착민들이고 관리자며 생존형들이다. 새로운 것을 지향하는 아내와 생존만을 위해서 집에서 밥만 얻어먹고 잠자리만 좋아하고 가만히 TV만 보고 잠자기만 좋아하며 매일 똑같은 일을 하는 남편과의 사이에 어떤 일들이 벌어질까?

반대로 매일 새로운 것을 꿈꾸고 자아실현을 위해서 돌아다니는 남편과 뚱뚱해진 몸으로 돌아다니기 싫어하며 집에서 가만히 있는 아내와의 사이에 어떤 일들이 벌어질까?

도표로 분류해보자

유형	DI(ID형)	SC(CS형)
일	빠르게 지시	느리게 홀로
감정	긍정적 명랑	차분한 조용
관계	사람으로 일을 풀어나감	일 자체를 해결
살림	큰 덩어리만	틀을 만들어놓고 안 움직임
정서	흥분되고 소란함	가만히 생각함
교육	가르치는 것을 좋아함	듣고 배우는 것을 좋아함
훈계	기분 좋게 훈계	말을 안 하고 삼킴
목표	빠른 결과물	꾸준히 과정을 실행
완성도	타인이 안하면 늦어짐	긴 시간 끝에 결실
설득력	화려한 설득력으로	자신이 해버림
소비형태	낭비 고가 사치	멋을 모르고 검소 절약
선호대상	탁월한 설득가	착한 사람
말	자기를 드러내는 말	말없이 하루 종일
사랑	소모적 상대	속 깊은, 말없는, 집착
음식	많은 가짓수 음식 말하면서 먹음	풍성하게 조용히 먹음
논리	이상적이면서도 현실적	비감성적 논리적
행복감	행복하다고 생각	불행하다고 생각
인생관	신나는 인생	그냥 살기위해 사는 것

건강한 부부란?

필자는 행복한 부부상보다 건강한 부부상이 더 바람직하다고 본다. 행복은 생각이나 이성적 결과가 아니다. 아. 이런 것이 행복이구나라는 것을 발견할 때에 비로소 행복을 아는 것인데 행복은 느낌이지 분석이 아니다. 보편적으로 사람들은 행복을 모르고 산다. 도리어 불행을 더 많이 생각하고 자신은 타인보다 항상 더 많이 불행하다고 생각한다. 행복이란 뭘까? 큰 사고나 질병 없이 돈 걱정하지 아니하고 사랑받으며 편안하게 사는 것이 행복일까? 실제로 그렇게 사는 사람들은 보편적으로 건강하지 않은 일을 하고 산다. 단원 김 홍도의 대장간 그림을 보면 대장장이는 웃통을 벗어던지고 풀무불 앞에서 제련 질을 하는데 배에 근육이 있다. 그런데 그 일을 구경하는 양반 놈은 누워 곰방대를 입에 물고 대장장이의 일하는 것을 구경하는데 배는 뚱뚱하게 살이 올라 누가 봐도 대장장이보다 더 빨리 죽을 것이라는 것을 예감할 수 있다. 실상 일생을 살면서 아 나는 행복하다라고 느끼는 순간이 얼마나 될까? 살아있어도 산 줄을 모르고 행복해도 행복한 줄 모르는 것이 현대인들의 어리석음들이다.

행복은 발견하는 것이다. 내가 가진 것들이 얼마나 소중한지, 지금 숨 쉬고 있는 것들이 모든 죽은 사람들의 꿈만 같은 소원인 줄 모르고, 미워하고 싸우며 살아가는 것이다. 소중한 시간들을 다 쓰고 나서야 주변에 가까운 사람들이 다 떠나고 난 뒤에야, 내가 가진 사람들이, 내게 주어진 시간들이 얼마나 소중한 시간들이었는데 뒤를 돌아보기엔 너무 늦었다. 인간의 일상이라는 것이 매일 행복을 찾는 여행을 할 수 없다. 도리어 항상 나는 행복하다는 기초의식 위에 건강한 부부상을 만들어 나가는 것이 옳다.

건강한 부부상이란 말 그대로 건강한 남편, 건강한 아내, 건강한 자녀들, 건강한 가정 생활을 말한다. 건강이란 힘 있고 튼튼하며 자기스스로 할 수 있으며 아프지 않은 상태를 말한다. 남편도 자신의 삶을 당당하게 살고 가장으로서의 책임을 다하여 아내에게 지나치게 많은 짐을 부가시키지 않는 것이 건강함이다. 열심히 일하고 가정을 지켜나가고 자기에게 주어진 일을 위해서 전문가가 되도록 노력하고 공부하며 자기계발과 자아실현을 위해서라도 노력해야 한다. 스트레스를 푼다고 허구한 날 술 마시고 아내를 기다리게 하면 지금의 아내들은 참지 않는다. 공부하고 운동도 하고 가족과 함께 시간도 보내며 남성들의 직장 생활의 음주 문화도 지혜롭게 스스로 틀을 정하고 살아가야 한다. 필자는 대기업 임원들을 개인 코칭을 많이 하였는데 모두가 부러워하는 그들에게 남모를 괴로움은 외롭다는 것이다. 일만 하다 보니 가족과 대화도 못하고 아이들도 낯설고 돈은 어디 갔는지 행방도 모르고 부하들과 마시는 술에 몸은 몸대로 다 망가지고, 퇴직 후 남은 것은 지치고 병든 몸과 낯선 가족밖에 없다고 한다. 결코 지혜롭지도 건강하지도 않은 직장 문화다. 아내들의 외도도 가정을 비우는 시간이 많은 남성들에게 기인한다는 것을 간과하면 안 된다. 잠언서는 싸우는 가정은 재물이 쌓이지 않는다고 하였다. 남편들이 건강해야 한다. 가장 기본적인 일이다. 숫사자들은 웬만한 큰 동물들을 잡을 때 외에는 사냥을 하지 않는다. 사냥은 암사자들이 하고 잡은 고기는 숫 사자가 먼저 먹는다. 그는 하릴없이 노는 것 같지만 사자 왕국의 침입자들에 대해서는 가차 없이 공격을 가하고 자기 왕국을 지켜낸다. 우리는 불과 십여 년 전만하여도 미국 영화를 볼 때에 아빠들이 자기 자녀들을 다른 아빠와 살고 있는 전처의 집에서 시간제로 법원의 허락을 받고 애들하고 놀다가 데려다 주는 장면들을 보면서, '뭐, 저런 경우가 다 있어'라고 안타깝게 아이들을 주목하였지만 지금은 이미 우리에게도 낯익은 풍경들이 되어버렸다. 인생을 살면서 진정으로 소중한 것이 무엇이냐고 물으면 90%이상의 사람들은 거의 가족을 말한다. 그렇게 중요한 가치인데도 실제로 속을 들여다보면 그렇게 숭요한 섯인 것만큼 갈하지는 않는다. 특히 남성들의 인식의 전환이 시급하다. 과거 농경 사회에서는 논과 밭에서 소나 기계들을 이용했기 때문에 여성들은 노동력의 힘의 세기나 기술력에서 남성들보다 약하였다. 그러므로 자연스럽게 남성 위주의 사회가 되었고, 농사에 대한 경험이나 지식이 많은 남자 어른들이 촌장이 되는 사회 구조가 되었다. 그러나 지금은 정보화 사회다. 손으로 터치해서 정보를 찾고, 말하기를 좋아하는 여성들로 인해 스마트폰은 폭발적인 인기를 누렸다. 여기서의 핵심은 정보를 누가 쥐게 되었느냐는 것이다. 전통적인 존경의 대상이었던 어른들은 전화를 걸고 받는 것 외에는 수많은 앱들을 활용하지도 못하고 뭐하나 만지려면 손주들의 도움을 받아야만 한다. 권위적인 남성 노인들은 시대의 찬밥으로 전락되어 파고다 공원의 한량들로 쓸쓸히 역사의 무대에서 사라지는 중이다.

지금은 어린아이들과 여성들이 정보의 담지자들이다. 아이들의 대학 진학도 아빠들은 입학 방식이나 시험 과목도 모른다. 엄마들이 다 한다. 집을 이사할 때도 부동산 정보도 여성들의 몫이다. 맛있는 식당이나, 여행 숙박도 여성들이 다 찾아내고 운전까지 다 한다. 낮에는 도심에서 남성들 보기가 힘들다., 백화점마다 식당마다 여성들로 인산인해다. 소비의 주체일 뿐 아니라, 정보의 당당한 담지자요, 공부도 많이 하고, 어학이나 전문 경영 실력이나 법률적인 지식까지 슈퍼 우먼들이 주인이 되는 시대이다. 이렇게 유능하고 파워풀한 아내들에 대해서 고전적인 대응 매뉴얼을 가지고 논리도 없는 괴변이나 폭력을 행하거나 외도를 하거나 무능한 남편들에 대해서 지금 아내들은 참지 않는다. 충분히 혼자서 살아갈 만한 경제능력을 갖춘 독립이 준비된 사람들이기 때문이다. 그러나 모든 여성들이 그렇게 슈퍼 우먼으로 살려고 하지 않는다. 도리어 능력이 많을수록 자기실현을 위해서 사회 활동과 경제 활동을 하면서도 아직도 대다수 여성들은 가정에 들어와서 가사를 돌본다. 남성들은 그냥 쉬면되지만, 음식을 차리고 집안을 치우고 세탁과 육아 등은 아직도 엄마의 손길이 더욱 필요한 현실이기 때문이다. 가사를 분담하는 남성들도 많지만 원래 남자들이 그렇게 살림을 잘 하는 존재가 아니다. 손도 거칠고 요리하는데 익숙하지 않다, 그것도 처음에 몇 번 기분 좋을 때 하다가 한번 싸움이라도 하고 난 뒤에는 영원히 은퇴해버린다. 그러나 남성들은 쉬 늙어버린다. 한번 꺾이고 나면 건강도 자신감도 연속해서 꺾이고, 고개 숙인 남자가 된다. 한번은 아버지에게서 전화가 왔다. 우리 아버지는 목회하시고 은퇴하신 원로 목사이시다. 여성처럼 가녀린 음성으로 "너 뭐하냐?" "애들 오면 구워 줄라고 더덕 까고 있어요" "넌 어쩌다 그렇게 됐냐?" "집사람이 바빠서 제가 시간 날 때 해 놀려구요" 키득키득 웃으시며 "넌 빨리 철이 들었구나, 살날이 창창한데 에고 안됐다." 아들이 안되었는지 쯧 혀를 차신다. "아버진 뭐하세요?" "난 밥하고 있어"

구십이 다 되가는 아버지와 환갑이 다 되어가는 아들의 대화였다.

이것이 남성들의 미래다. 이제는 남성들은 빨리 사고를 전환해야 한다. 아들에게도 요리를 가르치고, 육아와 살림, 여성을 대하는 법을 가르치지 않으면, 앞으로 이 나라의 미래는 불 보듯 뻔하다. 여성가족부에서는 이런 남성들에 대한 지원과 후원을 다양한 케이스별로 준비해야 한다.

남성들이 과거의 남성 우월주의의 의식 구조가 변하지 않는 한, 건강한 부부란 존재할 수 없다. 아내에게 '물 떠와라. 신문 가져와라.' 심부름을 시키는 의식이라면 아직 조선시대에 살고 있는 것이다. 건강한 남편은 이런 일에 자존심을 상하지 않는 건강한 의식을 갖는 사람이다.

어떤 부부들은 남편이 아내가 더 많은 경제 활동을 하고 자기는 집에서 가사를 돌보며 편하게 살려는 욕구를 가진 남편들도 많다. 그러나 실제로 여성들은 남편이라는 큰 그늘에서 안전한 삶을 원한다. 나무도 양수종과 음수종의 나무들이 있다. 양수종은 재목으로 쓰는 나무들이다. 소나무, 전나무, 가문비나무, 백향목 등 굵고 표피도 두꺼운 나무들이다. 이 나무들은 햇빛에도 강해서 4도씨 수액의 온도 조절을 스스로 잘 해낸다. 그러나 음수종은 표피가 얇고 수액의 온도가 상승하면 병들기 때문에 나뭇잎을 만들어 자기 몸을 가린다. 그 대신 이들은 열매를 맺는다. 마치 포도나무처럼 자신은 볼품없는 나무가 되어 볼만한 것도 잎도 꽃도 화려하지 않고 뒤틀어진 몸으로 수십 송이의 무거운 포도열매들을 길러내는 것이다. 음수종들은 양수종의 그늘 뒤에 있어야 잘 자란다. 전방에서 햇볕을 받게 하면 수액이 올라 바이러스가 침투하여 병들어 죽는다. 이것이 음양의 조화다. 남성이 특별하게 몸이 약하거나 병이 있거나 장애가 있는 경우가 아니라면, 가정을 책임지고 아내에게 아무 때나 하다가 힘들면 그만두어도 된다는 시그널을 늘 보내야 한다. '당신이 벌지 않아도 조금 덜 먹고 덜 쓰면 된다'는 철학이 있으면 아내들은 더욱 남편을 존경한다.

그러나 '나는 직장 스트레스를 못 견디니까 당신이 나가서 돈을 벌어라, 살림은 내가 할께' 이런 것을 좋아하는 부인들도 있겠지만, 나는 이런 가정들이 오랜 세월동안 결혼을 유지하는 것을 못 보았다. 결국은 터진다. 원래 그렇게 지음 받은 것이 아니기 때문이다. 순리를 어긋나게 살기 때문에 모두가 고생하는 것이다. 남편들은 가정을 책임진다는 분명한 의식을 가져야 한다. 이것이 건강한 부부의 시작이다. 몸이 약해도 '내가 책임질 테니 당신 고생 하지마'라고 말할 수 있어야 한다.

그런 남편을 바라보고 결혼한 것이지, 시댁 일구어 세워주고, 신랑 성공시키려고 결혼하는 평강공주는 존재하지 않는다. 아내는 강하고 자신감 있는 남편 뒤에 서 있으며 함께 그 영광을 누리기를 원한다. 책임을 지는 남편이 건강한 남편이다.

건강한 남편

건강한 남편은 자기가 선택하고 만든 가정에 대해서 책임질 줄 아는 사람이다, 책임은 반응하는 능력이라고 했다. 문제가 생기고 불행해진 부부관계가 되었다면 내가 먼저 1%라도 책임질 것이 무엇인지를 찾아야 한다. 다 아내 때문이라고 하면 건강한 남편이 아니다. 이렇게 되기까지 '어떻게 내가 이렇게 만들었을까?'에 대해 스스로 묻고 책임져야 한다. 책임지면 갈등은 사라진다. 그러나 책임지지 아니하면 갈등은 더욱 악화된다. 어떤 유명한 강사가 이혼을 했다. 그는 아내에게 "왜, 당신은 가정을 지키지 아니하고 다른 남자를 만났느냐?"고 하며 모든 책임을 바람난 아내에게 책임을 묻고 이혼하였다. 자신은 헤어지면서 나는 가정을 위해 전국을 다니면서 강의를 하고 하루에도 비행기와 자동차를 수없이 갈아타고 다니면서 강의하고 몸도 망가져가면서 가정을 책임졌는데, 또 얼마나 많은 사람들에게 좋은 이야기를 전해주면서 얼마나 많은 영향력을 끼쳤는데, 당신은 이러한 나의 고생을 몰라주고 다른 남자와 만날 수 있느냐, 내가 밥을 굶겼냐? 애들 학비를 벌어오라고 하였냐? 밖에 나가서 돈 벌어오라고 시켰냐? 남부럽지 않게 살게 해 주었는데, 이럴 수가 있느냐!"고 울부짖었다. 그리고는 다른 여성과 재혼을 하였다. 그런데 이 부인도 전처와 똑같은 행동을 하기 시작하였다. 자신은 왜 이런 사람들만 만날까라고 한탄하다가 스스로 자기가 하는 강의 내용을 자신에게 적용해보았다. '누가 내 가정을 이렇게 만들었을까?, 내가 1%라도 책임질 것이 있다면 무엇이 있을까?'라고 노트에 자기가 책임 질 것들을 기록하기 시작하였다. 자신은 자기 자신이 훌륭하고 좋은 일을 하는 사람이라는 자기의에 가득 차 있었지만 그는 아내의 삶을 간과했던 것이었다. 이 강사는 뒤늦게 그것을 깨닫고 전처에게 미안한 편지를 보냈고 두 번째 결혼한 부인에게는 강의 시에 함께 동행 하며 그의 마음의 필요를 채워주며 살아가고 있다. 〈별에서 온 그대〉라는 김 수현, 전 지현 주연의 드라마를 아주 흥미롭게 보았다. 필자는 그들 주인공 말고 어려서부터 천 송이를 사랑한 재벌 집 둘째 아들을 주목하여 보았다. 그는 집안도 재벌이고 인물도 좋고 천 송이를 지극 정성으로 아끼고 다른 사람들에게는 눈길 한번 주지 않은 일종의 천 송이 빠돌이였다. 그러나 그는 왜 갑자기 등장한 외계인에게 사랑을 빼앗겼을까? 천 송이는 그렇게 자기를 좋아하는 남자를 택하지 않고 말도 차갑고 냉소적이며 온갖 모욕을 주는 남자에게 끌렸을까? 두 사람의 차이는 여기에 있었다. 재벌 둘째 아들은 매일 같이 천 송이에게 "내가 너를 얼마나 사랑하는지 알아? 난 네가 원하는 모든 것을 다 해줄 수 있어"라고 하였다.

그러나 외계인은 사랑한다는 말 한마디 하지 않고 천 송이가 어려울 때마다 갑자기 나타나서 도와줄 뿐이다. 내가 사랑하는 것과 상대방이 나를 사랑하는 것은 별개의 문제다. 내가 너를 사랑한다고 너는 나를 반드시 사랑하지 않는다. 아무리 내 사랑이 얼마나 큰지 왜 몰라주나 라고 떠들어도 그것은 네 속의 사랑이지 나와 상관이 없는 것이다. 도리어 어려울 때 이해해주고 위급할 때 등장해서 초능력이든 뭐든 필요할 때 함께 있어준 도 민준에게 마음은 가게 되어있는 것이다.

이것이 책임지는 것이다. 직장에 가서 열심히 일했는데 왜 바람을 피우나? 는 질문은 아내에 대한 책임이 아니다. 자기의 일일 뿐이다. 아내는 남편이 일한 것으로 생활을 하지만, 단지 먹고 사는 문제를 의탁하기 위해서 아내가 된 것이 아니다. 그가 사랑하고 함께 행복한 삶을 영위하려고 결혼한 것이지, 밥을 얻어먹으려고 결혼한 것이 아니라는 것을 남편들은 알아야 한다. 대부분의 남편들은 내가 안 해 준 게 무엇이 있냐 라고 아내의 다른 욕구들을 사치라고 생각하지만 결코 그렇지 않다. 그들은 동물이 아니고 사육당하는 사람들도 아니다. 자기도 원하는 인생이 있고 헌신과 희생이라는 두 글자를 떼어버리고 자유와 자신만의 삶을 완성하고 싶은 존재의 욕구가 있기 때문이다. 도리어 몇 천 년 동안 헌신의 굴레에서 벗어나고 있기 때문에 더욱 자아실현의 동기는 강한 시대에 들어서 있다. 이 부분을 남편들이 간과하고 있는 것이다. 이제는 건강한 남편이 되기 위해서 아내에 대해서 반응하는 능력을 길러야 한다. 내 식으로 굴레를 씌우지 말고 그 사람의 꿈에 대해서 그의 자기실현을 위해서 어떻게 반응해야 할까를 진지하게 고민해야

한다. 단순하게 가사를 분담하는 현실적인 생활은 도낀개낀이다. 아내
에 대해 책임질 것이 무엇인가? 그의 꿈과 삶과 성격과 살아온 환경에
대해 어떻게 반응할까를 진지하고 기록해보고 실행하는 것이 순서다.
　방향성 없는 노력은 노동에 불과하기 때문이다.

건강한 아내

　건강한 아내는 남편의 진액을 빼내지 말아야 한다. 도리어 에너지
를 공급해주는 아내여야 한다. 아내 본인들도 남편에게서 진액을 빼내
려는 아내는 없다. 어느 순간 남편이 무능하거나 자기 마음대로 안 되
기 시작할 때부터 없는 것과 안 되는 것, 못하는 것을 말하기 시작한
다. 남편은 더욱 무능해지고 두려움이 심해진다. 아내가 그렇게 말한다
고 갑자기 유능한 사람이 되지 않는다. 아내는 남편에 대해 그의 드러
나는 행동이나 말보다 마음을 먼저 읽어야 한다. 여기서 경청이 필요하
다. 모든 사람들의 말 속에는 자기 나름대로 긍정의 메시지가 숨어있
다. 남편의 무능한 행동과 언어 속에 숨어있는 그의 마음의 세계를 읽
어야 한다. 말 못할 고민으로 힘들어하는데 무엇이 저를 힘들게 하는
지 예민하게 읽어야 한다. 사사건건이 높은 기대치로 남편의 못하는 것
만 가지고 말을 할 때에 그들은 점점 더 외로움을 가슴 깊은 곳에 숨
긴다. 건강한 아내는 밝아야 한다. 눈 꼬리도 올리고 입 꼬리도 올리고
말 꼬리도 올려야 한다. 그리고 눈은 남편의 작은 행동 하나에도 촉이
살아있어, 그를 위로해주고 용기를 주고 잘한 것을 말해주어야 한다.

항상 자기 남편은 무능하고 유능한 남의 남편을 말할 때 불상사가 발생하는 것이다. 모든 부부 갈등은 기대치에서 온다. 남편에게 높은 기대치를 갖고 있는 아내는 감사와 만족이 없다. 특히 능력 있고 매너 좋은 남의 남편과 무능한 자기 남편사이에서 비교될 때마다 낮아지는 자존감 때문에 풀이 죽는다. 이런 마음들이 남편을 더 힘들고 분노하게 만든다. 무능한 남편이라도 그가 잘하는 분야가 있다. 먼저 그를 행복하고 자유롭게 해주어야 한다. 모든 사람이 같은 분야에서 능력을 갖지 못한다. 사람마다 다른 고유한 능력들을 존중해야 한다. 밖에 나가서 강의하는 사람이 전기 기술자가 될 수 없고, 기계를 잘 만지는 사람이 재미있는 강의를 하지 못한다. 남편도 행복할 권리가 있고 자기만의 독특한 영역을 인정받고 싶다. 이것은 잘하는데 서툿도 잘 해야 한다는 것은 너무 높은 기대치를 갖고 있어서 그렇다. 1%만 기대를 낮추기만 해도 즐거울 수 있다. 지구상에 모든 것을 다 갖춘 사람은 없다. 천재 스티브잡스는 일찍 사망했고, 미성의 앨비스 프레슬리도 요절했다. 완벽한 인간은 없다.

어떤 세 사람이 같은 날 죽어서 천국에 갔다. 그런데 알고 보니 천사가 잘못 불렀다. 그래서 다시 돌려보내려니 이 세 사람은 댓가를 지불하라고 난리다. 그래서 한 사람에게 소원을 물으니 부자가 되게 해 달라고 해서 돌아가는대로 비싼 값에 땅을 팔 수 있도록 약속했다. 두 번째 사람은 국회의원이 되기를 희망해서 이번에 출마하면 무조건 당선될 것이라고 하여 보냈다. 그런데 세 번째 이 친구는 장가를 보내달라고 하였다. 장가야 가면 되는데 어떤 여자를 원하느냐고 했더니 구약성경 잠언서 31장에 나오는 여인을 달라고 하였다. 천사가 성경을 읽었다. '그 여인의 남편은 그를 믿나니 산업이 가난하지 아니하며 살아 있는 동안에 남편에게 선을 행하고, 양털과 삼을 구하여 부지런히 일하며, 먼데서도 양식을 가져오며 새벽에 일어나 자기 집안사람들에게 음식을 나누어주며, 여종들에게는 일을 배분하며, 밭을 살펴보고 포도원을 사서 일구며 밤에 등불을 끄지 아니하고, 가난한자에게 도움을 주며 자기를 위하여 아름다운 옷을 지어 입으며, 그의 남편은 아내로 인하여 동네에서 존경받게 하며, 능력과 존귀로 늙을수록 빛나며 입에는 지혜의 말과 인애의 법이 있어 이 세상 모든 여자보다 뛰어난 사람이라'
(잠언31:11~29)

천사가 이 성경을 읽고 나서는 이 부탁은 들어 줄 수 없다고 하였다. 그러자 이 사람은 "왜 앞의 친구들은 다 부탁을 들어주고 나만 안 들어 주냐?"고 따졌다.

그 때 천사가 벌컥 화를 내면서 "야 이 새끼야, 그런 여자가 있으면 내가 데리고 살지 널 주냐? 이 멍청한 놈아?"라고 했단다.

건강하고 지혜로운 여인을 구하기가 그만큼 어렵다는 이야기지만 아주 어려운 이야기도 아니다. 현대 여성들은 이미 잠언서의 여인처럼 살고 있다. 자기를 위하여 공부도 많이 하고 지식도 많고 지혜롭기까지 하다. 운동도 잘하고 경제력도 강하고 육아도 잘하고 너무 뛰어난 사람들이다. 그래서 남편들이 더 힘이 없어져 가는 지도 모른다. 슈퍼 우먼인 건강한 아내는 할 일이 많다. 남편까지 성공시키는 것은 너무도 힘이 드는 일이지만 그들의 마음 하나라도 잘 들여다보고 용기를 주는 것도 훌륭한 아내의 덕목이다.

재밌는 부부

유머나 재미는 인간이 세상을 사는 데 엄청난 활력소이다. 우리나라 사람들은 미국 사람들이 하는 언어의 조크를 잘 구사하지 못하고, 실제로도 그 웃음의 감각을 알지 못한다. 옛날 쟈니 윤이 한국에서 토크 쇼를 했지만 상당히 어색한 웃음을 웃었던 것도 사실이다. 우리는 우뇌를 사용하는 민족이기 때문에 눈에 보이는 형태로 말을 지어내야 한다. 그래서 한국 사람들 웃기기가 힘든 것이다. 어떤 신참 공무원이 주민 센터에 첫 출근을 했다. 마땅한 일거리가 없어 방문하는 주민들을 도와주고 있었다. 한 청년이 사무소에 들어와 두리번거리며 무엇인가를 찾는 듯하자 이 공무원은 반색을 하며 "저, 무엇을 도와 드릴까요?"라고 하자 이 청년은 "아, 저 사망신고를 하러 왔는데요!" 공무원은 "아, 본인이세요?" 라고 묻자, 이 청년은 "아, 본인이 직접 와야 되나요?"

이런 유머가 좌뇌 형 유머고 심 형래나 맹구처럼 망가진 외향부터 말도 어벙벙하고 몸이나 얼굴로 웃기는 것이 우뇌 형 유머다. 개콘 같은 유머 프로그램의 배우들이 전부 뚱뚱하든지 마르든지 못생겼든지 이상한 것을 가져야만 유머를 할 수 있는 외향이 된다는 것이 우리를 힘들게 하는 것이다. 우리처럼 남을 잘 웃기는 사람들이 뒤돌아선 자리에서 실없는 사람으로 천하게 취급받는 것이 우리 사회의 웃음을 가로막고 있다. 나는 강의를 많이 웃기면서 하다 보니 가끔 노래도 부르고 춤도 추고 목소리로 모창도 하고 이것은 내 스타일이다. 한번은 티브이 프로에서 그렇게 했더니 누군가가 이렇게 흉을 보았다. '박사라는 사람이 천박하게 개그맨도 아니고 체신머리가 없다'고

이 얼마나 지루한 사람인가? 웃기면 웃으면 되는 것을 웃지도 않고 평가를 하고 있으니, 인생이란 웃자고 사는 것인데 웃지도 않고 웃기지도 않으면 얼마나 재미없을까? 지구상에 웃는 동물은 인간밖에 없다. 신이 주신 이 놀라운 은총을 감추고 우울한 표정으로 세상을 살아야 하는 사람들이 너무 많다. 특히 우리나라 부부들은 너무 심각하고 너무 지루하다. 부부끼리 웃길 수 있다면 얼마나 가정이 재밌을까? 필자가 아는 어떤 가정은 부부간에 자주 싸우는 편이다. 그러나 아내가 전형적인 우뇌형이라 조리있게 말을 하기 보다는 흥분하거나 화가 나면 이상한 말을 해서 싸움이 금방 끝날 때가 많다. 한번은 옷을 좋아하는 아내가 하도 "여보 나 옷 좀 사 입게 돈 좀 줘요"고 하니 옷을 좋아하지 않는 신랑이 "벌어서 사 입어!"고 했다. 그 순간 그의 아내는 화를 벌컥 내며 한다는 소리가 "그려, 나도 자업자득할 겨!" 신랑이 먼저 그 말에 참지 못하고 웃음보가 터졌다. 그 집 신랑은 싸우면 집요하게 승리할 때까지 밀어붙이는 스타일인데 이 논리가 맞지 않는 괴이한 말 앞에 터지고 말았다. "여보, 거기에는 자업자득이 아냐, 자급자족이

라고 해야지”, 둘이 싸우다 말고 배꼽을 붙잡고 웃었다. 그 후로도 싸울 때마다 이 싸움을 멋있게 승리해야 하는데 돌발적인 괴상한 말들로 인해 긴 싸움을 못 한단다. 그 여인은 나의 아내이다. 그녀는 어록을 만들어 놓아도 될 정도로 한 달에 한번 꼴로 괴이한 말들을 창조한다. 한번은 차를 타고 함께 가는데 도로 위에서 진중하게 나에게 잔소리를 한다. “여보, 여기서는 4차원으로 가야해요”. 나는 “4차선이겠지, 4차원은 당신이고” 둘이서 차에서 낄낄대고 웃느라고 정신이 없다. 부부는 걱정만 같이 하는 것이 부부가 아니다. 함께 웃고 함께 즐기기 위해 살아야 한다. 남편들은 하루에 한번 씩은 아내를 웃게 해주고 아내는 남편에게 사용할 유머를 제공해주는 것도 좋은 일이다. 웃지 않는 남편들을 위하여 연구해 보라. 우리 신랑은 언제 웃는가? 통계를 내보면 그가 웃음으로 반응하는 환경을 알게 된다. 반드시 큰 소리로 박장대소하지 않더라도 입가에 작은 미소라도 띄우면 그것이 그를 웃게 만든 것이다. 말이든 동작이든 배우자가 반응하는 유머러스한 환경을 만들기 위해 노력하자. 어떤 부부는 인터넷 유머집에서 재밌는 이야기를 골라 남편 출근길에 전송하는 부인들도 있다. 모두가 다 사는 것이 힘들수록 한편의 짧은 유머는 그것을 보내는 사람의 사랑까지 보너스로 받는 것이다.

지혜롭게 말하는 부부

방송에서 부부 프로그램을 돕다보면 대부분의 부부들의 갈등이나 분쟁은 근본 원인이야 서로 잘 알고 있다. 문제는 말을 잘못해서 일을 확산시키는 경우가 너무 많다. 우리나라 사람들은 말을 잘 못하는 편이다. 중국에서 강의할 때 일방적으로 강사 혼자 강의를 하고 마치면 피드백이 안 좋다. 반드시 수강생들이 느낀 바 소감이나 질문을 하는 시간을 많이 배려해야 한다. 들어보면 애네들은 별 내용도 없는데 아주 장황하게 웅변처럼 말들을 잘한다. 뒤에 있는 한국 학생을 바라보면 눈을 피하거나 단답형의 질문이나 짧은 소감을 피력하는 경우가 많다. 우리나라의 정치 지도자들이 막후 정치는 어떨지 몰라도 회의석상에서 국민을 대표하거나 자기의 철학을 가지고 멋진 연설을 하는 사람을 보기란 너무 어렵다. 말을 많이 하는 사람을 좋아하지 않고 가벼운 사람들로 취급하기 때문이다. 멋있게 웅변조로 자신의 철학을 피력하는 사람들을 한국 사회는 은근히 버거워한다. 정의를 말하기엔 우리가 사는 사회가 도덕적 짐이 무겁기 때문이다. 거기에 IT기술의 발달로 말보다는 축약어와 이모티콘으로 의사를 표현하는 문자 형상화시대가 더욱 우리의 혀를 굳게 하고 있다. 부부는 그나마 말을 가장 많이 하는 관계 집단이다. 그런데 그 말들이 대부분 일상어들이다. 별로 중요치 않은 이야기로 대부분의 대화를 채우는데 싸울 때는 어디서 그런 거친 말들이 숨어 있다가 튀어나오는지 부부끼리 할 수 있는 말들이 아닌 말들을 마구 퍼부어댄다.

인류 가운데 가장 지혜로운 사람인 솔로몬은 '지혜 있는 자의 혀는 지식을 선히 베풀고, 미련한자의 입은 미련한 것을 쏟아낸다'(잠언 15:2)고 하였다. 그는 '유순한 대답은 분노를 쉬게 하여도 과격한 말은 분노를 더욱 격동 시킨다'(잠언15:1)고 하였다.

언어의 지혜는 너무나도 중요한 가치이며 필요 덕목이다. 지혜로운 말은 어디에서 나올까? 솔로몬은 지혜로운 자의 마음이 그의 입을 슬기롭게 한다고 하였다. 지혜로운 마음을 쉽게 배울 수 있는 길은 역사에 숨어있다. 필자는 중국어를 공부하기위하여 중국어 드라마 〈신 삼국지〉 95편짜리를 13번 이상 보았다. 45분 드라마를 총 1,000번 이상을 보았으니 엄청난 시간을 사용한 셈이다. 물론 드라마이기 때문에 사마광의 〈자치통감〉의 정사와는 다분한 차이가 있지만, 볼 때마다 얻는 교훈들이 적지 않다. 특히 좋은 자원을 많이 갖거나 혹은 승승장구할 때 한순간 몰락하는 사람들을 볼 때가 가장 마음이 아프다. 그들 대부분은 침모들의 말을 듣지 않고 오만과 아집, 욕심과 우유부단함 때문에 망한다. 역사는 거울이다. 가정도 개인도 사업도 모두 역사에서 배워야 한다. 삼국지에서 망하는 사람들은 공통점이 있다. 천하 용장인 여포는 참모인 진궁의 말을 여러 차례 듣지 않다가 결국 조조에게 잡혀 죽고 만다. 기주, 청주, 병주, 유주의 가장 넓은 성지와 무수한 인력, 풍부한 물자, 지혜로운 부하들과 용장들, 조조의 4배가 넘는 군사력을 가진 원소는 우유부단한 성격 때문에 무수한 정벌의 타이밍을 놓치고 결국 조조에게 패하고 죽고 만다. 그 때마다 원소는 허유의 지혜로운 조언을 무시하였다. 중국인들이 가장 좋아하는 충절의 상징 관운장은 충의만큼이나 큰 오만함이 문제였다. 특히 동오를 향한 오만함 때문에 형주성을 비우고 번성 전투에 나섰다가 관우에게 가장 모욕을 많이 당한 동오의 여몽의 손에 의해 목이 잘려 죽는다. 관우에게 출병 중지와 형주 회군 등을 수 없이 권고한 참모 마량이 있었지만 관우는 그의 말을 듣지 않았다. 심지어 그는 독화살에 맞은 뼈를 수술해준 화타의 회귀 권고도 무시하였고 관우의 죽음으로 유비와 촉의 몰락이 시작된다. 관우의 급작스러운 죽음에 분노한 장비는 불같은 성정으로 복수전을 치르기 위해 부하들에게 매를 때렸다가 그들 손에 목이 잘려 죽고 만다. 장비는 유비가 그렇게 부하들을 때리지 말라고 누누이 당부했는데도 그 말을 지키지 않아 죽었다. 같이 태어나지는 않았지만 같은 때에 죽기를 결의한 유비는 두 동생들의 죽음과 동오를 향한 분노로 동오 정벌전쟁을 일으켰다가 육손에 의해 패배를 당하고 백제성에서 세상을 떠난다. 그 때에 공명에게 '그대의 말을 듣지 않고 오만하여 이렇게 되었다'고 후회하며 죽는다. 사실상 그 뒤에 공명이 유비의 뜻을 받들어 위를 치고 천하를 통일하려는 북벌전쟁에 나섰지만, 공명도 성공하지 못하고 54세의 일기로 천재 공명마저 오장원에서 죽고 만다. 삼국지를 볼 때 이런 속상한 장면들이 참 견뎌내기 힘든 장면들이지만 참아내면서 보고 또 본다. 참아야 한다. 역사를 보고 교훈을 가슴 깊이 새겨놓아야 한다. 분노를 입으로 쏟아내면 안된다고 다짐하지만 가장 가까운 사람들에게 그리하지 못 할 때마다 더욱 인간의 나약함을 본다. 그래서 우리는 지금도 3,000년 전에 기록한 현자 솔로몬의 지혜를 배우는 것이다.

부부간에도 지혜로운 말로 서로 격려와 덕과 지식을 세워 주어야한다. 그것은 서로 못난 것만 찾아내는 어리석음이 아니라, 상대의 좋은 면을 바라보는 마음에서 지혜가 만들어지는 것이다. 지혜는 갖고 태어나는 사람도 있다. 특히 일을 지혜롭게 잘하는 사람들도 있지만 더 중요한 것은 말을 지혜롭게 하는 일이다. 같은 이야기도 말을 지혜롭게 못하면 관계가 나빠진다.

말을 지혜롭게 하는 방법

1. 상대방이 반응하는 용어들을 메모하라 |

좋아할 때?

싫어할 때?

흥분할 때?

화를 낼 때?

우울해 할 때?

그는 어떤 단어를 들을 때 반응하는가?

이것은 지혜의 근원이다.

소통은 서로 말을 알아듣는 데서 시작한다. 상대방이 사용하는 용어들은 그 사람의 삶의 경험이 들어있는 용어들이기 때문에 그의 말로 대화를 나누어야 서로가 알아듣기 때문이다. 특히 그 사람만이 고유하게 경험한 희로애락이 담긴 용어들은 과거의 사건들과 기억이 연루되어 있다. 삼국지를 오래보면 수많은 인물들이 등장하는데 하나같이 반응하는 단어들이 다르다. 동탁은 초선이 춤을 추고나서 옷을 갈아입고 오겠다는 껑의(更衣)라는 두 글자에 흥분을 감추지 못한다. 왜 그럴까 형식적으로는 사람들이 자기를 승상으로 대했지만 누군가가 자신을 위해 땀을 흘려 아름다운 춤을 추고 새옷으로 갈아입고 나와서 시중을 들겠다는 이해에서 그는 아마도 진정한 사랑과 인정을 껑의라는 단어에서 얻었을 것이다.

유비는 한실부흥과 민심안정이라는 단어만 나오면 흥분을 하거나 눈물을 흘린다. 그가 공명을 세 번 찾아가 무릎을 꿇고 했던 말도 한실부흥과 천하를 안정케 함이었다. 원술은 황제라는 호칭에 목숨을 걸다가 반지의 제왕의 반지를 사랑하는 골룸처럼 죽었고, 공명은 자기를 알아주는 유비를 위해 충을 다했으나 주유는 천재소리를 듣고 싶은 욕망에 한 수 위인 공명을 만난 뒤에 질투로 피를 토하고 죽는다. 공명은 주유의 마음을 알기 때문에 그를 칼하나 대지 않고 말로서 몰락을 시켰다. 그 사람이 반응하는 언어체계란 감정과 삶의 욕구가 맞물려 있기 때문에 지혜로운 말을 하려면 배우자의 언어체계를 잘 알고 있어야 한다.

같은 뜻을 가진 단어지만 배우자가 어떤 단어를 선택하여 사용하는지를 유심히 살펴 그와 대화할 때 행복해하는 단어를 사용해주면 공감과 존중이이라는 큰 선물을 얻을 수 있다.

2. 지혜로운 대화는 존중의 마음에서 시작된다 | 지혜로운 대화법은 일단은 상대방의 말에 인정과 수긍을 한 뒤에 대화를 나누어야한다. 나의

아주 오랜 친구 하나가 있는데, 이 친구는 어렸을 때부터 내가 열심히 말하고 나면 바로 이어서 "그게 아니고"라는 말로 자기 말을 시작하는 버릇이 있다. 나는 열심히 말한 나의 말을 처음부터 부정하고 껴들어 오는 이 친구를 감정적으로도 용납하기가 싫어서 말다툼을 하곤 했다. 그래서 하루는 참다못해서 "너, 말할 때 한번 이렇게 바꾸면 내가 기분이 좀 좋을 것 같아," "뭔데?", "그게 아니고!"라고 하지 말고 "어, 그 말도 맞고, 그런데 나는 이렇게 생각해, 이제부터는 이렇게 해봐!" 그랬더니 이 친구가 "야, 그러면 네 말이 안 맞는데도 그렇게 해야 되냐?"고 했다. 그래서 또 싸웠다.

말이 맞고 안 맞고를 떠나서 속을 박박 긁어놓거나 상대방을 무시하는 등 ,기를 죽여 놓고 시작하는 대화는 분쟁을 낳는다. 솔로몬은 '마음의 즐거움은 얼굴을 빛나게 하여도, 마음의 근심은 심령을 상하게 한다.'고 하였다. 상대방의 마음을 즐겁게 하면서 나누는 대화는 또 다른 수많은 창의가 넘치는 결과물들을 만들어낸다.

동오의 여몽은 관우를 제일 싫어했다. 관우의 오만함 때문이다.

성지를 돌려달라고 찾아온 여몽에게 '앉으라, 차 한 잔 마시라' 인사 한마디 없이

"네가 낫 놓고 기역자도 몰라 오하이 몽이라는 별명을 가진 여몽이냐?"

여몽은 그 말을 들으면서도 불편한 심기를 드러내지 않는다.

한번은 동오의 사신이 관우를 찾아왔다. 손권의 아들이 있으니 관우

의 딸을 시집보내라는 말에 "어찌 호랑이의 자식을 개에게 줄 수 있냐"
고 말한 관우의 오만함은 엄청난 비극을 만들었다.

훗날 전쟁에서 패한 관우를 여몽은 끝까지 좇아가서 그의 목을 베고
한풀이를 한다. 그렇게 무시했던 오하이 몽의 손에 죽은 것이다. 외교
는 그렇게 오만한 말로 하는 것이 아니다. 설사 속에는 얕잡아보는 마
음이 있을지라도 말로 드러내면 안 된다. 인류역사에 얼마나 많은 살인
사건들과 전쟁들이 무시당한 사람들의 원한 때문에 생긴 것임을 깊이
새겨야 한다. 존중하는 마음은 지혜의 말을 만들고 지혜로운 말들은
사막에서도 물을 얻어먹게 한다.

3. 지혜로운 용어를 선택하라 | 중국인들은 '고려해주세요'라는 말을 할
때 '세 번 생각해 달라'고 말을 한다. 직설적인 한국 사람들보다 속내가
깊은 중국인들의 화를 피하는 지혜로운 언어법이다. 같은 말을 할 때
에도 용어와 어휘 사용에 있어서 단어가 많은 중국어도 그들의 마음을
표현하는 지혜 때문에 만들어 진 것 같다. 우리 언어는 형용사가 많아
상당히 감정을 표현 하는 데에는 강점이 있다.

조조에게는 그의 천재적인 다양한 특성들을 나누어가진 아들들이 있
었다. 둘째인 조비는 음흉한 머리를 받았고, 셋째인 조창은 무인으로
서 용감함을 받았고 넷째인 조식은 문인으로서 조조를 닮았다. 조비가
황위에 오른 후 조조의 장례식에 참석하지 않은 조식을 죽이려고 그에
게 칠보시를 짓게 한다. 일곱 걸음 안에 시를 지으면 살려주고, 짓지 못

하면 죽인다고 했다. 시제는 형제인데 시에 형제라는 단어가 들어가면 안 된다고 하였다. 조식은 일곱 걸음 안에 시를 지어 낸다.

"콩을 삶으며 콩대를 태우네

콩은 가마 안에서 흐느끼네

원래 같은 뿌리에서 났는데

어찌 그리 급히 서로 괴롭히는가!"

조비는 "원래 같은 뿌리에서 났는데" 이 시구를 들을 때 눈물을 흘린다.

그 짧은 시구이지만 형제간에 어려서 같이 놀고 장난치던 숱한 일들이 떠오르며

형제애를 자극한 지혜로운 용어 사용으로 조식은 목숨을 건진다. 지혜로운 대화법은 지혜로운 용어를 사용하는데서 시작한다. 세 번 생각하라는 중국인들의 말처럼 세 번 생각하고 가장 듣기 좋은 말을 골라 선택해서 사용하는 훈련은 나이가 들수록 사람들에게 존경받는 요인이 된다. 나는 가끔 식당에서 얼핏 보아도 40줄은 넘어 보이는 데도 큰 목소리로 쌍말을 하는 사람들을 본다. 그런가하면 조용조용 참 귀한 말들을 하는 사람들도 본다. 공자는 '아침에 도를 들으면 저녁에 죽어도 좋다'는 말을 하였다. 지혜로운 용어를 사용하는 것은 물론 많은 어휘들을 알아야 되겠지만, 자신이 사용할 수 있는 가장 귀한 사람을 대할 때 사용하는 말처럼 모든 사람을 그렇게 대하면 된다. 한번은 아내와 길을 가는데 힘든 이야기를 많이 하며 피곤해 하였다. 갑자기 내가 "우리 동네 주안은 아주 살기 좋은 곳이야, 인천의 중심이라, 부평가기

도 가깝고, 아버지 계시는 동인천도 가깝고 ,강의하러 가기도 고속도로 바로 옆이라 좋고 ” 이랬더니 아내는 “여보, 당신이 주안이 좋다고 하는 말을 듣는데 갑자기 기운이 확 나면서 에너지가 도네, 신기하네” 하였다. 이것이 상대방의 마음에 에너지를 주는 용어 선택이다. 부정적인 사람 옆에서 한 시간 만 앉아 있으면 머리가 지끈거린다. 그러나 밝은 사람 옆에 있으면 덩달아 기분이 좋아진다. 그들의 말이 밝기 때문이다. 부부간에 기왕이면 서로 힘을 주고 긍정적인 용어를 잘 선택하여 사용하여야 아이들이 용어들을 들으며 배운다. 이 아이들이 훗날 세상을 밝게 하는 리더들이 된다.

4. 지혜의 언어는 진실한 얼굴빛에서 빛이 난다 ｜ 얼굴은 얼이 들어있는 동굴의 집합체라 하여 얼굴이라 부른다.

얼이란 그 사람의 영혼이며 감정이며 마음이다. 우리의 얼은 얼굴의 동굴들에서 드러나게 되어있다. 얼이 나간 사람은 입이 벌여져 있고, 얼이 강한 사람은 눈매가 날카롭다. 조폭들의 얼은 사납고, 천사같은 사람들은 얼이 온유하다. 콧구멍이 큰 사람은 무언가 내보낼게 많기 때문에 크게 태어난 것이다. 그래서 그들은 과격하기도 하고 화가 많고 거칠고 호전적이고 승부욕이 강하다. 이런 사람들은 머리는 좋지만 덕이 부족하다.

반면 콧구멍이 안 보이는 사람들은 숨을 조금 쉬어도 될 만큼 감추어 놓은 것들이 많고 실리에 강하다. 이들은 돈은 챙길지 몰라도 베풀지 않는다. 재주와 덕을 다 갖춘 사람을 성인이라 한다. 성인되기란 그만큼 어렵다. 우리는 성인을 지향하지만 성인이 되기 어려운 시대에 살고 있다. 단지 가장 이 시대에 필요한 덕목인 진실함이란 것 하나만이라도 부부간에도 가졌으면 좋겠다. 진실한 마음은 상대를 속이지 않는 것이다. 더욱 중요한 것은 자신에게 진실해야 하는 것이다. 사람은 혼자 있을 때를 더욱 중요시 여겨야 한다. 대부분 현대인들은 혼자 있는 시간들을 정직하게 보내지 않는다. 자신의 마음을 귀하게 여기지 않기 때문이다. 돈은 벌수도, 잃을 수도 있지만 마음은 한번 더럽히면 닦아내기가 쉽지 않다. 우주에서 가장 귀한 자기 자신을 더럽혀진 마음으로 대하면 안 된다. 마음은 상하면 쉽게 고쳐지지 않는다. 부부간에도 상한 마음이 생기면 화합하기가 쉽지 않다. 한번 생긴 생채기는 자꾸 덧나서 결국은 서로를 물고 뜯어 가정을 파괴하고 만다. 그러나 진실함으로 서로를 대하는 사람들에겐 항상 신뢰가 있다. 그들은 서로의 진실을 믿기 때문에 어떤 어려움이 와도 헤쳐 나갈 수 있다. 믿음이다. 믿음은 진실한 마음에서 만들어진다. 진실한 마음은 얼굴을 부드럽게 하고 부드러운 얼굴을 배우자의 분노를 쉬게 한다. 지친 현대를 사는 부부들의 얼굴이 이제 그만 우울하고, 이제 그만 힘들었으면 좋겠다. 아이들도 그만 아프게 하였으면 좋겠다. 아무리 힘들어도 가정이라는 아름다운 공동체를 깨뜨리지 말고 진실한 얼굴빛으로 함께 만들어가는 가정들이 되면 좋겠다.